JN058243

アフターコロナ
日本がリードする
世界の新秩序

渡邉哲也
エミン・ユルマズ

かや書房

はじめに

《渡邉哲也》

本書の内容については、第一章の冒頭プロローグを読んでいただくとして、この本の本質について語りたい。本書はまったく成り立ちや環境の異なるふたりの対談本である。しかし、導き出される意見は答え合わせのように類似しており、それはひとつの正解に近いものだと考えている。

そもそも論として、私は経済評論家になるつもりはさらさらなかった。学者でもなければ役人でも政治家でもない。受験勉強をしたくなかったので、論文試験のみの指定校推薦がある大学を選んで入った怠け者である。当然、公務員試験などとは無関係であり、受けようともさらさら思わなかった人間である。

では、なぜ今、経済評論家をしているかということになるわけだが、それはリーマンショックに起因する。2007年8月、フランスの銀行BNPパリバがサブプライム関連債権の償還を停止した。これにより、サブプライム問題が発生し、株価と為替が連動する形での大暴落が発生した。零細企業で貿易にかかわる私にとってそれは死活問題であり、何が起きているのかを自分で理解しようとした。

まずはサブプライムとは何なのかを知るために、書店に行ったが、そこにサブプライム問題に関する解説書はなく、サブプライム債権がどのような債権であるかを説明する専門書すらなかった。当時からインターネットを使っていた私はそこに活路を求めた。そうすると、農協の中央銀行であり世界最大級の機関投資家である農林中金のレポートを見つけることができたのである。それをきっかけに知人の金融ディーラーなどに仕組みを教わり、自分の頭で理解するようになった。その意味では、私に師匠もいなければ恩師もいない。つまり、基本独学なのである。

その後、インターネットなどで仕組みを解説していたところ、固定ユーザーが生まれ、気がついたら本の監修をしたり、自著を出すようになっていた。そして、第二の転機は民主党の政権交代であった。民主党への政権交代で野党に転落した自民党の議員たちは役人たちを自由に使えなくなってしまった。これまでわからないことは役人に聞けば済んでいたのだが、野党の場合、そうはいかなくなったのである。そんななかで議員さんなどから勉強会などのお話をいただき、政策提案などをする機会に恵まれた。

しかし、民主党政権の下では、ほとんど書籍を出すことはなかった。なぜならば、民主党の政策は非合理的であり、経済理論としてあり得ないものばかりだったからだ。その状況では正しい経済予測などできるわけがない。

その典型例が、政府の意図的な円高誘導であったといえる。世界的な不況の中で自国通貨を高値誘導すればどうなるか？　当然、国内産業の国際競争力が低下し、ただでさえ世界的な需要が減るなかでは淘汰されることになる。また、余力のある企業は海外に活路を求めるしかない。これが今の日本企業の中国依存の元凶であり、日本のデフレと弱体化の最大の要因であったといえる。また、国内需要を考えない無分別な脱原発と太陽光エネルギー政策により、日本の電力危機を招き、それがコストと企業の存続に悪影響を与えたのも間違いのないところである。そして、この後遺症は今も続いている。

2012年、自民党への再度の政権交代が発生した。ここから経済評論が私のメインのビジネスになり、今では経済評論以外の仕事はほとんどやっていない開店休業状態にまでなったのである。アベノミクス、中国株式バブル崩壊、パナマ文書問題などさまざまな出来事や事件が起きるたびに解説書を出させていただき、メルマガ、勉強会、講演会、番組出演を生業として生活するようになったのだ。

そして、今回、100年に一度ともいえる世界的なパンデミックを迎え、世界の転機に際して、これからの世界と経済を予測する本書を出させていただくことになった。さらにうれしいのは、本書は私ひとりの視点ではなく、外国人として生まれ、プロの国際金融マンとして活躍されているエミン・ユルマズさんとの対談であることだ。本書をお読みいただき、文化や環境の異なるふたりが奏でるハーモニーを楽しんでいただければ幸いである。

2020年6月

渡邉哲也

目次

はじめに――《渡邉哲也》 2

第一章 新型コロナウイルス問題でわかった中国の問題点 9

◆シルクロードが運ぶ疫病
◆食の禁忌なき民
◆中国に買われた国際機関
◆「世界の工場」は巨大なネズミ講
◆共和党も民主党もアンチ中国で一致
◆反宗教国家・中国
◆アフリカで深まる中国憎悪
◆鎖国か分裂か

第二章 中国は世界中から排除されていく 47

◆対中国戦略として米海兵隊再編
◆研究機関から中国人の閉め出しが始まっている
◆「6Gの開発」でファーウェイを排除
◆「マネー対国家」という対立軸

第三章 アメリカとの対立――中国は変わるか？ 69

◆新型コロナウイルスは「戦争」
◆欧米が中国依存から脱却を開始
◆経済大国と途上国の二枚舌
◆さまよえる中国人？
◆ハリウッドの中華汚染
◆バチカンの誤算
◆中国に政変はあるのか？
◆中国の政体が民主主義では成立しない理由
◆民族・言語・宗教

第四章 アフターコロナで登場する新しい世界地図 111

◆中国が米国債を売っても困らない
◆中国では豚コレラも蔓延
◆頭のいいウイルス・悪いウイルス
◆日本が新型コロナウイルスから世界を救う
◆アビガンと富士フイルムの関係とは
◆中国の収束宣言は嘘
◆アメリカが台湾を国家承認
◆新型コロナウイルスショックでEUがバラバラに
◆グローバル化からブロック経済化へ
◆日本の脱中国と産業構造の変化
◆中国向けではない新たなインバウンド商法
◆インバウンドは人数ではなく金額が重要

第五章　新時代、主役は日本。それは歴史の必然だった 173

◆安倍首相は世界に向かって国際演説を！
◆日経平均は5年以内に5万円に到達する
◆中国の隠ぺいは犯罪行為だ
◆国際都市・香港の機能が東京へ来る
◆南北コリアの統一はあるのか
◆トランプは金正恩に王朝維持を持ち掛けた？
◆日本浮上は歴史の必然
◆転換期を迎える中東
◆安倍首相、中央アジア外交の真意
◆地上波の偏向報道がパニックをあおっている
◆日本の生活習慣を世界に広めよう
◆台湾の衛生に尽力した日本人
◆アフターコロナは日本の時代

おわりに――《エミン・ユルマズ》 236

装　丁／明日修一
著者撮影／岩本幸太

第一章　新型コロナウイルス問題でわかった中国の問題点

シルクロードが運ぶ疫病

渡邉　はじめまして。渡邉です。本日はよろしくお願いいたします。

エミン　光栄です。渡邉さんとは以前からぜひお会いしたいと思っておりました。本日は、アフターコロナ、つまり新型コロナウイルスショック収束後の日本と世界というテーマで、対談させていただきたいと思います。

渡邉　エミンさんとの対談ということで、私なりにプロローグのようなものを用意させてもらいました。語らせていただけますか。

エミン　はい。ぜひお聞かせください。

渡邉　――世界には今、大きな転換期が訪れている。第1次世界大戦からちょうど100年、1918年から1920年にかけて流行したスペイン風邪からもちょうど100年を迎えた今年、再びウイルスの猛威が世界を襲った。これにより、世界はひとつという幻想は完全に打ち砕かれ、再び分断される結果となるだろう。

アメリカ・グローバリズムといわれる世界がひとつになる大きなムーブメントが、ウイルスによって完全にストップをし始めたわけだ。グローバリズムの象徴であったヨーロッパでは各国が国境を封鎖し始め、再び「国」というものが直視されるようになった。そして、グローバリズムの申し子であった中国は、逆に世界から排除される結果となるだろう。

以前から、米中貿易戦争によってバンブー・ウォール、竹の壁というのが下りるであろうとされてきたが、これがどのような理由で下りるのかについては、なかなかわからなかった。それが軍事的衝突によってもたらされるものなのか、それとも政治的対立によって生じるものなのか、多くの識者が予測を立てかねていたところに、今回の百年に一度ともいえるウイルス禍によって世界は一気に分断の方向を見せたのである。

その原因は、明らかに中国という国の体制そのものが持つ本質的な問題点であり、ある意味、民主主義と共産主義＝全体主義の思想的対立もそこには含んでいる。そして、その根底には地政学的な意味の大陸と海洋国家群という大きなグループ分けも含んでおり、その様子は第1次世界大戦から第2次世界大戦に至るまでの姿とじつに酷似しているのである。

通常、世界は30年から40年で大きな変革期を迎えるといわれている。ベルリンの壁が崩壊してから30年。中国の改革開放からも30年。この30年のグローバリズムの動きが一気に瓦解したわけである。そんななか、これからどうなるかについて語っていこう――、という感じですが、いかがでしょう。

エミン 素晴らしいです。まさにこの本の導入部にふさわしいと思います。

あえて付け加えさせていただければ、これは百年に一度の出来事でもあるし、しかも、ペスト以来の出来事でもあるので、ある意味、700年に一度の出来事かもしれないということです。エルサレムにある聖墳墓(せいふんぼ)教会が4月5日感染拡大の余波を受けて閉鎖されました。ここはイエス・キリストのお墓のあった場所に建てられた教会で、世界のキリスト教徒にとって聖地のひとつです。2018年にイスラエル政府の税制に抗議して、3日間のストライキ的な閉鎖を行ったことがありますが、本格的な閉鎖は1349年のペスト禍以来、679年ぶりということになります。前回の閉鎖から約700年経っています。日本はちょうど室町時代でした。新型コロナウイルスショックは、全地球規模に広がっている災禍(さいか)ですが、地理的なものはもちろん、時間的なものでも700年、1000年をとったマクロな視点を我々に要求しています。

ペストの発生源は中国大陸だといわれています。ペストはシルクロードを通って、中国からまずは中央アジアへ、アフガニスタンからイラク、シリアを襲って、オスマン帝国そしてビザンツ帝国に入って行ったわけです。当時、オスマン帝国の西側の港とまだビザンツ帝国の首都であったイスタンブール（当時の名前はコンスタンティノープル）はアジア・中東とヨーロッパの交差点の役目を果たしていました。キャラバンの終着駅で、ここにはベネチア人やジェノバ人の商人もいっぱい入って交易を行っていました。彼らは荷を船に詰め込みイタリアに帰る。こうやってペストはイタリアを起点に、今度はヨーロッパ全土へ広がっていったのです。

今回のコロナウイルスも結果的には中国のいわゆるベルト・ロード・イニシアチブ、一帯一路という21世紀のシルクロードを通り、そのルートにある国々でまず感染爆発が起こっているわけです。イランが真っ先にやられて、その次がイタリアです。なんとも歴史の皮肉を感じさせますね。ちなみに、ペスト禍の700年前は、元から明への王朝の転換期です。その明が弱体化し、清が興るときも疫病が流行りました。

渡邉　おっしゃるとおり、いわゆる一帯一路というものが、海のシルクロードと陸のシルクロードで構築されているわけで、だからシルクロードそのものなんですよね。

ペストにしてもスペイン風邪にしても、シルクロードを通って世界に拡散された。ひょっとしたら、過去、いくつかのコロナウイルスも運んでいたかもしれません。というのも、現在、世界を恐怖に陥れているコロナウイルスは、あくまで新型コロナウイルスであって、バージョンアップされたヒトに感染するコロナウイルスの7代目なんですね。

エミン　どんなものでもそうですが、代を重ねるごとにパワーアップしていくわけです。4代目までのコロナウイルスは単なる流行り風邪として処理されていたかもしれません。ところがSARSコロナウイルスとMERSコロナウイルスは大惨事になった。今回の新型コロナウイルス感染症（COVID―19）はそれを超えるパンデミックとなりました。

ペストや今回の新型コロナウイルスが伝播する経路となったシルクロードという陸路、そして途中からは航路。大航海時代の幕開けは奴隷貿易の始まりであると同時に、各種疫病伝播の始まりという負の歴史も持っています。梅毒もコロンブスが新大陸からヨーロッパに持ち込んだといわれています。

渡邉　ペスト、スペイン風邪、インフルエンザ……今までも何度も同じような経験が繰り返されて、そのたびごとに地図上の国家が分断されたり、新しい枠組み構築が始まりました。

前回のスペイン風邪の場合は、第1次世界大戦がその被害の大きさゆえに終焉したというプラスの側面もあったわけです。今回の新型コロナウイルスでもクルーズ船が話題になったように、前回のスペイン風邪も戦時中に船が運んだわけです。ですから、歴史の繰り返しといいますか、我々は先祖の追体験をしているのです。

エミン　船の場合、飛行機と違って中継点が多いですからね。なおさらばらまかれやすい。

食の禁忌なき民

渡邉　そのうえで、再び中国が主犯として浮かび上がってきているわけです。なぜ、中国ばかりが疫病の発生源になるのか。やはり、それは、何でも食べてしまう食習慣に原因がある。食の禁忌がないというところに、ひとつの大きな理由があるともいわれているわけです。

今回のコロナウイルスもコウモリが媒体となって、それを食べた武漢市民の間で肺炎が発症したというのが始まりだともいわれています。地方によれば、中国人はネズミも食べる。食用のハクビシンから広まったのが、ＳＡＲＳ（重症急性呼吸器症候群）という説もあります。

鳥インフルエンザの場合も同様で、鳥の糞を豚に食わせて育て、その豚を人間が食べるという、その過程でウイルスが変異していった。もともとインフルエンザのウイルス自体は鳥から人間には直接感染らなくて、鳥から豚、豚から人間に感染る。種の壁が薄い。これをいまだに繰り返しているのが中国という国なんです。

エミン　おっしゃるとおり。私も以前からそこを指摘して批判しているのです。じつは日本人ってその部分に関してはけっこう、敏感なんですよ。外国人に食文化についてとやかく言われたくないというか。なぜかっていうと、恐らく日本人も欧米から、たとえば、クジラの肉を食べていると批判されていて、今でこそ、スシ、サシミは世界フードですが、昔は「日本人は魚を生で食べる」とバカにされてきた。それに対する反発もあって、日本人はわりと「食文化に対しては、西欧諸国ももう少し寛容で自由であってもいいじゃないか」と言います。しかし日本人が言う自由と中国人がやっていることは、ちょっと次元が違う話だと思います。

日本人の「いただきます」は、生命をいただきます、という意味もあり、その根っこには食材となる動植物に対する敬意と謝恩の念があります。一方、中国人は、そもそも野生動物の扱い自体が非常に悪いというか、動物虐待レベルのことを平気でやっているわけです。小さい籠に何匹も、それも雑多に動物を入れて売るとか、生きたまま焼くとか。犬を撲殺したり、猫なども生きたまま何匹も鍋で煮込んだりとかね。

あるいは漢方薬の材料ということでセンザンコウやトラなどの希少動物の密猟が絶えません。私は漢方薬自体を否定するものではありませんが。

渡邉　結局、薬として使うのは骨とか甲羅とか体の一部分だけなんですよね。豚の丸焼きも食べるのは皮だけだったりするわけですから。

エミン　中国の野生動物の市場は予想をはるかに超えるほど大きくて、もはや産業といっていいほどです。その規模は8兆円ぐらいともいわれています。豚コレラで崩壊状態に陥った豚肉市場が16兆円だったそうです。豚肉はもっとも頻繁に中華料理に使われる肉ですから、野生動物の市場がその半分の大きさということはいかに大きい市場なのかわかります。もはや一部の人だけが食べているだけだと捨てきれない規模なのです。

我々からすれば、ゲテモノにしか見えないコウモリ食にしても、中国大陸のごく一部の地域の風習ではないのです。かなり広い地域で食べられている。それだけのニーズがあり、産業として成立しているわけです。

その根本には自然を尊重するという観念がないというか、動物に対する虐待に関しても何の痛みを感じないというところがある。

トルコとロシアは地理的歴史的にいろいろとあって、根本的にトルコ人とロシア人はあまり仲がよくないのですが（笑）、私はロシア人の友人もいてたまに話すんです。私から見て思うのは、ロシア人は動物好きですね。動物虐待はしない。あまり、人間のことは好きじゃないようですが（笑）。しかし、現代の中国人は動物も人間もあまり好きじゃないんじゃないかなと思ってしまいます

今回のパンデミックは、ある意味、起こるべくして起きた事態というか、中国に対する自然の報復のようにも思えます。むろん、そのとばっちりを受けている世界はたまったものではありませんが。

渡邉　中国の、いわゆる生鮮市場というのは、本当かどうかは知りませんが、コアラの肉からパンダの肉まで買えるといわれていますから。アルマジロの肉までね。もちろん、パンダの肉を食べることができるのは、共産党のごくごく一部の特権階級でしょう。一般の人民がパンダを間違って殺せば死刑ですよ。あれは世界中の動物園にレンタルして、ひとつがいで年1億円入ってくる貴重な商売道具ですからね。

市場に行けば何でもかんでも売っている。それも生きたまま籠に入れておいて、注文があるとその場で屠殺するというやり方。ですから、日本とか欧米とかの食肉主義（動物は食用、非食用、ペット、害獣、捕食者、あるいは娯楽動物に分類されるという考え方）とはもう全然違うわけです。日本や欧米ではきちっと食材はコントロールされていて、肉ならばしっかり血を抜いたものを並べている。

日本人の食肉に対する神経の使い方はちょっと行き過ぎの感もあって、最近は無菌豚なんていうブランドもあるそうです。本来、豚肉は生で食べないのに、わざわざ無菌状態で生育させるとかで付加価値にしようとしている（笑）。

ＳＡＲＳが流行したとき、中国は野生動物の食肉に関して見直しと禁止を世界に約束したのに、結果的に何も禁止していなかったわけです。禁止自体が多分、あの国では無理だと思います。

エミン　ええ。だから、今回のパンデミックは、中国国内に関しては、これはひと言、自業自得です。そして、世界に拡大したということについていうなら、完全に中国の責任だと思うんですよ、１００パーセント。ＳＡＲＳも食肉市場から広がったわけですし、そこに原因があることがわかっていて、再オープンするのですから。やはりそこには８兆円という野生動物の市場の大きな利権が絡んでいるのでしょうね。

中国に買われた国際機関

エミン　しかし問題はそれだけではなくて、根本にはやはり、中国共産党の隠ぺい体質があるわけです。

２００３年のＳＡＲＳのときもそうでした。ただ、あの当時はまだ、一応、ＷＨＯ（世界保健機関）が機能していました。じつは北京の病院に勤務していた70代の元軍事医が、中国当局がいろいろ隠ぺいしているということを告発したんです。彼の持ち出したデータを入手して、当時は広州にいたＷＨＯのチームが北京に入り、立ち入り検査をしたら、やはりそうでした。ＷＨＯはそれを堂々と公表しています。

今回の新型コロナウイルスショックでは、現在のＷＨＯは完全に中国のコントロール下にあることを露呈してしまいました。おそらく中国はＳＡＲＳ騒動でＷＨＯを抑えてしまおうと学習したのでしょう。ＷＨＯはすっかり中国に腐敗させられてしまったのです。

渡邉　ひどい状態です。中国はＳＡＲＳのとき世界中の批判を浴びて一時は情報公開方向に動いていたんですよ。公開の方向に動いていたんですが、今回は逆に隠ぺいをして自己正当化の方向に動いている。まさに習近平体質そのもの。

ＷＨＯが中国に買収されているということが今回の問題をより複雑にしました。さらに国連自体を瓦解させる可能性をも表面化させました。なぜかというと、国連は基本的に1国1票で、豊かな国も貧しい国も1票を持っていて、国連組織のトップは新興国から選ばれるというのが慣例なんですね。超大国の思惑に左右されないため、というのがその理由です。それが逆に、中国による国連独裁を許してしまった。新興国はなんといっても貧しいですから、お金が欲しい。

中国はアフリカだけで53票とか、小さい諸島群、南太平洋の諸島群とかで島国とかの票を金で買っていって、結果的にそれを「中国の票」にしてしまった。中国のための国際組織につくり替えてしまったわけです。

国際組織に対する中国の行為に対して、アメリカのトランプ大統領がブチ切れていて、まずＷＴＯ（世界貿易機関）からの脱退を示唆して機能不全にしてしまった。世界第2位の中国がなぜ、発展途上国としての恩恵を受けているんだ、というトランプの怒りはもっともなことです。

現在アメリカはさまざまな国際組織に拒否権を発動しています。国連人権理事会からも離脱、ユネスコからも脱退し、それ以外もさまざまな組織からの離脱をチラつかせている。その理由は中国の買収行為にあるわけです。

西側の価値観でいえば、金で買収してはいけませんということですが、現実として、さまざまな局面で国際組織にお金は動いてます。しかし、中国のやっていることはそれどころじゃありません。中国は平気で金を使って組織ごと買収してしまいます。こうなってくると、国際組織としての役割がもう完全に壊れてしまう。これが現状ですよね。

エミン ええ、まさに。2003年のときに北京の市長が隠ぺいしようとしたって更迭されたっていう話もあります。おっしゃるとおりで、確かに2003年と現在とでは、まったく中国の態度が違います。むろん、本質は変わらないのでしょうが、さすがにあのころは、現在よりも世界に気を使っていたように思います。

建前だけでも、国際社会の一員という態度は示していた。習近平体制になって、それすらも捨ててしまったようにも見えます。

渡邉 急速に経済大国へと昇りつめ、お金を持ってしまったので、それが成金趣味的な勘違いをした大中華思想を引き起こしていると思うんですけどね。金ですべてを解決できるであろうという。金でなんでも買えるというね。

エミン　中国が急激に巨大化したのは、２００８年のリーマンショックでしたね。リーマンショックというのは性質としても、欲に目がくらんだ金融機関が世界規模の金融危機を起こしたのにも関わらず誰ひとり罰されることがなかったというモラルハザードの極みのような事件でした。ですから、私はすべての弊害はリーマンショックから始まったと考えています。

渡邉　中国はリーマンショックでは60兆円の財政出動をして、内需を拡大させた。振り返って見るとそのことが現在の世界の構造を大きく変化させました。リーマンショック以前は、世界の国際金融のほとんどを欧米の国際金融資本が持っていたわけですよね。この欧米の国際金融資本が新興国に投資して、それで得た利益を母国に持ち帰る。1次産業、2次産業を新興国に移す代わりに、投資利益の回収でサービス業の3次産業を拡大するっていうのが、それまでの西側社会、先進国のビジネスモデルだったわけですが、このポンプの部分が完全に瓦解して、第1段階ではほとんど欧米の金融資本がオイルマネーの配下に落ちてしまった形になりました。

潰れそうな国際金融資本は、全部、カタールだとか、サウジとかの資金に頼り、本来欧米が持っていた基本的な金融体制が中東依存の構造になりました。また、銀行によっては破綻していきました。そして、ＰＩＩＧＳ危機によって、今度はヨーロッパの金融機関もほぼ全滅に近い状況になったのです。

エミン　ええと、読者のために少し補足しておきます。ＰＩＩＧＳ（ピグス）とは、Ｐｏｒｔｕｇａｌ（ポルトガル）、Ｉｒｅｌａｎｄ（アイルランド）、Ｉｔａｌｙ（イタリア）、Ｇｒｅｅｃｅ（ギリシャ）、Ｓｐａｉｎ（スペイン）の頭文字を取った言い方。この5カ国は経済構造が似ていて脆弱（ぜいじゃく）で、金融危機の際、欧州では真っ先にぐらつきました。それがＰＩＩＧＳ危機です。

この5カ国から比較的経済規模の大きいイタリアを除いたＰＩＧＳ（ピッグス）という言い方もあるようですが、どちらにしろ「豚」（ｐｉｇ）は万国共通の蔑称ですから、悪意のある呼称ですね。

渡邉　欧米の金融機関の足元が揺れているとき、それをせせら笑うかのように急浮上してきたのが中国の4大国有銀行で、国をバックとした形で急激に経済規模をどんどんと拡大していったわけですね。

「世界の工場」は巨大なネズミ講

渡邉　中国はWTO加盟後、2004年に輸出額では日本を追い抜き世界第3位になりました。2006年には第2位のアメリカを、2009年にはドイツを抜いて第1位に躍り出ています。この驚異的な成長は、積極的な外資の受け入れです。2002年に、中国は527億ドルという世界最大の投資受け入れ国となりました。

こうして、世界の工場という称号を欲しいままにしたのですが、本来は投資を呼び込む際に資本移動の自由を認めるという約束がありました。「中国で稼いだお金はどうぞ本国にお持ち帰りください。だから、安心して、中国にどんどん工場を建ててください」という話だったのですね。しかし、これは完全に反故にされ、資本移動の自由を認めないがゆえに、結果的に中国に投資した世界中の企業は、中国での利益を中国で再投資するしかなくなってしまった。これが、中国が拡大した大きな理由のひとつなんです。

エミン　これは、アメリカの経済学者でトランプのブレーンでもある対中強硬派のピーター・ナヴァロ（『米中もし戦わば――戦争の地政学』―文藝春秋―が大ベストセラー）が言った言葉ですけれども、「中国の低消費、高投資の見せかけ経済はポンジ・スキーム（ponzi scheme）だ」というのがあります。ポンジ・スキームというのは、わかりやすく言えば、ネズミ講。「あなたの投資してくれたお金で資金運営して、その利益を還元しますよ」と言って、お金を集めて結局はドロンするという詐欺です。これの特徴は、参加者を安心させるために最初のうちは小口で儲けさせるわけです。まさに中国のやり方と同じです。

だから、お金を入れるのはいいのですが、取り出すことができない。どんどん借金で膨らましていって、一度はまった穴から抜け出せないようになっている。少しでも回収しようと粘れば粘るだけ泥沼にはまっていくしかない。

渡邉　ネズミ講ですね、まさに。

エミン　じつはそこにも歴史的な転換点があると思っています。実際、1989年時点で世界トップテンの銀行は、アセットサイズ（経営資源・資産）では日本の銀行だったわけです。その後、日本がバブル崩壊している。ですから、今回もやはり中国の4大銀行が世界のトップを取っていてもそれは単なる中国のバブルに過ぎないと思う。バブルはやがて弾けるだけ。

　それから、ひとつ象徴的だなと思ったのは、中国が武漢に、武漢グリーンランドタワーという超高層ビルを建てたんですよ。６３９メートル、地上１１９階で、世界で2番目に高いビル。こういうものをつくるようになると、だいたいバブルは弾けるんです。

渡邉　バベルの塔。中国人は歴史的に巨大な建造物を好みますね。王朝末期は特に。光緒帝（こうしょてい）（清の第11代皇帝・在位：１８７５年―１９０８年）が西太后（せいたいこう）（清の咸豊帝（かんぽうてい）の側妃で、同治帝の母。清末期の権力者）の別荘として巨大な頤和園（いわえん）を整備したのが、清朝末です。

エミン　そう。私はだから、中国を軸とした経済ストーリーは終わったと見ています。いや、本当はもうとっくに終わっていたわけですが、しかし、それに気づいてるのは、たとえば渡邉さんのような方を除いてごく少数派。ようやく世界が気づき始めたという段階です。私はかなり以前からそれを主張していたのですけどね。それを理解してくれる人は少なかった。というよりも、いまひとつ理解できなかったという方が近いかな。

　今回の新型コロナウイルスショックで唯一プラスな面があるとすれば、多くの人に中国の本当の姿が見えたことでしょうか。ある意味、どうやって世界が変わっていくのかも、大体、見えてきたので、それが大きいんじゃないかなと思います。

渡邉　今のお話を聞いていて思い出しました。ドバイにある世界で一番高いタワービル、ブルジュ・ハリファというのがありますね。英語でいえば「ハリファ・タワー」。確か206階建て。これは建設の途中まで、ブルジュ・ドバイという名前でした。ところが、ドバイ・ショックでドバイの経済が弾けちゃった。そこで、アブダビの王様にお金を出してもらって、どうにか完成にこぎつけたわけです。で、その王様の名前がハリファ。ドバイの目抜き通りにあるドバイを象徴するビルがドバイの王様じゃなくて隣の王様の名前になってしまったというお話があります。

共和党も民主党もアンチ中国で一致

エミン　先ほどのオイルマネーの話でいうと、中国にも、トルコにも、リーマンショックの後とか、あるいは9・11同時多発テロ以降にどんどんオイルマネーが来たわけです。そこにはやはり彼らが欧米を恐れていたという側面があるのですが、逆にいえば、そのことがトルコのエルドアン大統領のような独裁主義的な、中国の思想に近いような指導者を生

んだ背景にもなっていると思うのです。

渡邉　たとえば、日本の自民党内で親中派と親米派がぶつかるように、アメリカでも政治の中枢部に「パンダハガー」と呼ばれる親中派の人がいてシーソーゲームを展開していたわけです。しかし新型コロナウイルス感染拡大でもうそのアメリカにおいてさえ、中国は右からも左からも嫌われてしまった。共和党はもともと中国の台頭を苦々しく思っていたのですが、もはやコロナ以前は親中であった民主党までアンチ・チャイナになっている状況です。ここまで来るともう後戻りは無理でしょうね。

エミン　ちょっと気になるのは、次期大統領候補といわれているジョー・バイデンの息子のハンター・バイデンが中国とファンドをつくっています。確かボーハイ・ハーベスト（渤海華美／Ｂｏｈａｉ Ｈａｒｖｅｓｔ）という会社です。２０１３年に設立して、１０００億ドルくらいの資産を持っていると言っていましたが、今回中国が世界中を敵に回したことで、この会社もさすがにもうダメでしょうね。バイデン親子は中国にもよく出かけて、習近平の覚えもめでたいのですが。

渡邉　もうそのあたりは全滅です。あとは、日本でいえば典型的なのがソフトバンクですよね。中国とアメリカを天秤にかけたビジネスをしてきたわけですが、その資金源がオイルマネーでした。

エミン　ええ、そうですね。中国でひと山当てようとした企業は現在、みなあたふたしているのではないですか。ソフトバンクはその代表格です。

今回、いろいろ調べて面白いことがわかりました。過去、元号が変わった次の年というのは、相場の観点でいうと、これはもうみごとにすごく荒れているんですよ。明治2年というのはまだ相場がないので別ですが、たとえば、大正2年のときには年初から株が下げています。その年、横浜と東京が初めて電話でつながっています。今でいうなら5Gに近いようなことが起きているんです。それからこの年は、東北を中心に腸チフスやジフテリアなどの伝染病が大流行しているというのも現在から見ると不気味です。

昭和2年のときには、ご承知のように昭和金融恐慌が起きています。

この年、有名な鈴木商店が破綻するんですよね。私の感覚としては鈴木商店っていうのはソフトバンクに近いんですよ。もともと砂糖や樟脳（しょうのう）の貿易で儲けていた商社だったんですが、その後、一代で海運、造船、鉄鋼、保険、ホテル業にまで手を広げて、世界に名を知られ、一時は三井、三菱といった財閥とも伍してやっていた。もちろん、それらの旧い財閥からすれば、成り上がり者ですけれども、それだけにすごくアグレッシブな会社で、本当に大正のソフトバンクだったのだなと思いますね。まあ、ソフトバンクが倒産するということはないでしょうけど。しかし、何となくイメージ的には、その栄枯盛衰ぶりが鈴木商店に似ているように思うのです。

そして、平成2年が、言わずと知れたバブル崩壊の年です。ここから日本は長い雌伏の時代を迎えることになります。

渡邉　令和2年は武漢肺炎の上陸ですか。そういえば、新型コロナウイルスショック直前の1月6日には、イランとアメリカとの間で瞬間的にドンパチがありましたね。原油価格が高騰するのではないか、などと騒がれましたが、現在は新型コロナウイルスのためにまったくの逆のダダ下がり。

令和2年は本当に予測不能な出来事が次々起こっています。おかげで、今年のお正月にあれだけワイドショーの話題をさらっていた、カルロス・ゴーンの逃亡劇もすっかり忘れ去られてしまっています。

エミン　1月末にブレグジット（イギリスのEU離脱）が起きたわけでしょ。

渡邉　イギリスからすればあのタイミングでEUから逃げておいてよかったと現在はほっとしているでしょうね。

エミン　思っているはずですね。当初はイギリス国内でもいろいろ言われていましたけど、これでジョンソンは後世に名を残すことになるでしょう。

まあ、イギリスにとって今年（２０２０年）は本当に大変な年。皇太子も首相も新型コロナウイルスで陽性になってしまうし。ふたりとも回復に向かったからいいようなものの、何かあったらそれはもう立派な戦争の理由になりますよ。

渡邉　うん。戦争になりますね。

エミン　いやあ、私もマジで許さないから。ジョンソン首相、ひいおじいさんがトルコ系の人なんですよ。だからよけいに（笑）。

渡邉　そうなんだ。

エミン　ええ、そうなんですよ。オスマン帝国の政治家の血を引く人です。だから、ジョンソン首相は闘うとなったら絶対に勇敢。

渡邉　彼は一時感染で重症だったうえに、中国から輸入した検査キットにウイルスが付着していたことで、これ以上ないほどに怒り心頭ですからね。中国には絶対責任を取らせる。つまり落とし前をつけさせるとまで言っている。これでファーウェイが入り込む余地はなくなりましたね。

反宗教国家・中国

渡邉　エミンさんの母国であるトルコですが、オスマン帝国の時代、ヨーロッパの半分までを版図（領土）に入れていた。ウクライナからハンガリーのあたりまで全部トルコだった。歴史的に見ると中国は世界を取ったことがないのですが、トルコは世界を支配したことがある。ローマ帝国とオスマントルコと、あるいはモンゴル。元王朝は中国が建てた王朝ではなくて、中国を征服した王朝ですから。

中国が世界的かつ歴史的な建造物だと自慢する万里の長城だって、もともとは突厥の侵入を防ぐために造られたわけで。突厥というのはトルコ系の騎馬民族。長城から北は本来、漢民族の支配の及ばない土地どころか、漢民族は足も踏み入れることもできませんでした。

エミン　そうです。突厥は騎馬民族ですから馬で襲って来ないように、漢民族は高い塀を何万キロも築きました。

渡邉　そのへんの感覚、島国の日本人にはなかなか理解できないというところがあります、頭では理解していても国境という感覚は難しい。陸続きでしたら、いつ国境が変わるかわからない。

四方を海で囲まれた島の中で一生を終えるのが日本人。歴史的に見て外部からの流入が少なく、国民と民族と宗教とが、ある意味、合致している、一つのハーモニーをつくってる文化ですね。エスタブリッシュメント（支配階級）が替わっても王朝の交代はなかった。とても安定しているわけです。

そんな日本人がヨーロッパの大陸文化をどれくらいイメージできるか。同じ大陸文化でも特異なのがお隣の中華文明。日本人は、島国の延長として彼らを見てしまう傾向がありますが、いつ外の国から襲われるかもわからない。王朝の交代もしばしばある。日本人は気質から何から大陸の人とはまったく異なります。

エミン　中国は、もともと非常に変わったというか、ユニークな文化を持っていますね。その意味で、いいものもある。いろいろな発明も遺(のこ)している。

渡邉　中華文明の発明品というと、凸版印刷機などがすぐに思い浮かびますね。あとは羅針盤とか、火薬もそうでした。

エミン　シルクも確かそうですよね、中国オリジナル。最初の絹がつくられたのが紀元前

30世紀ともいわれています。その絹がシルクロードを通って、遠くペルシャ、ローマ、エジプトにまで伝わっています。

渡邉　現在の中国というものをどう定義するかですけれど、それは民族なのか、それとも文化なのか……。いろいろな局面があると思います。そもそも、中華民族てなによ、という話になってしまいますが。ひとつのカテゴリーとして中国共産党というもので考えると、注目すべき大きな特徴として宗教の否定というものがあるんですよね。

先ほど出た食物の話に戻すと、食の禁忌そのものが、ある意味、人口爆発における人々の飢餓を防ぐための知恵でもあったわけです。たとえば鶏肉でいえば、人間が穀物そのものを摂取するのに比べて6倍の穀物を消費する。豚肉で8倍、牛肉で15倍ぐらい飼料がないと、同じカロリーにはならない。その宗教において食の禁忌というのは、そのエリアにおける人口内で、みんなが食べていけるために意図的に習慣的にできたものなのです。これがひとつ。一部のベジタリアンにも、この考えが生きていますね。

あと、衛生概念上の意味合いとしての食物タブー。とりわけ、気温の高い地方、砂漠の民などにとって食中毒は脅威ですから。

食物の禁忌に関しては、このふたつの意味が存在したのではないかといわれています。

エミン　イスラム教に関しては、みなさんご存じの有名なところでいえば、豚肉を食べないというのがあります。ユダヤ教も豚肉を食べないのです。あれももともとは食中毒や伝染病を避けるための砂漠の知恵だったといわれています。豚肉は傷みやすいですから。

豚肉を食べないのはよく知られていますが、じつはほかの肉食動物も食べてはいけないことになっているんです。肉食獣に関しては日本人も食べる習慣はありませんね。肉食獣というと限られてしまうわけですけれど。ライオンやトラは食べませんし、中国人のように犬や猫を食べません。

イスラム教でいえば、草食動物に関してもすべて食べていいわけではなくて、足の先が蹄（ひづめ）になっている動物だけが許されるんです。

渡邉　ハラルという屠畜（とちく）や調理の作法がありましたね。

エミン　ええ。羊なら羊を屠るときも、ちゃんと教えどおりのしきたりを守らなければいけません。首を切ってちゃんと血を抜き切る、これは絶対です。本来なら、包丁や食器まで聖別したものを使わなくてはいけませんが、そこまで厳格に守る地方や人は現在では少数派です。

渡邉　食肉主義ですよね、ある種の。

エミン　おっしゃるとおりです。それから、イスラム教ではすでに死んだ動物の肉は食べてはいけないんですよ。たとえ5分前に死んだものでも、目の前で死んだものでも食べてはいけないことになっているんです。

渡邉　それはやはり食品衛生上の観点から生れた禁忌でしょうね。死因の分からない動物はどんな病気をもっているかわかりませんから。ちゃんと理にかなっているんですね。

エミン　確かにおっしゃるとおり、世界にはいろんな宗教があり、それに沿った秩序を置いている。日本も神道や仏教に則った、あるいは古来のしきたりをベースにした食文化が成り立っているわけですね。中国――昔の中国は違っていたでしょうが、少なくとも現代中国にはそれがない。アンチ宗教ですからね、共産党は。自然や生命というものに対する畏怖の念がない。

渡邉　特に、習近平政権になって仏像を破壊したり、敬虔（けいけん）な仏教徒であるチベット人に暴虐に近い行為を繰り返し、あるいは、ウイグルがその典型ですが、イスラム教徒を弾圧したり、キリスト教を再び弾圧していたりという形で、宗教弾圧をどんどん強めているわけです。

共産主義者で物質主義者である彼らには宗教問題に触れることの恐れはまったくない。

いや、恐れはあるでしょう。恐れているから弾圧するわけです。ただしそれは神仏に対する畏怖ではなく、人々の信仰心に対する恐怖。人間、理解できないものに対しては恐怖心を抱くものですから。人民が党への忠誠ではなく、自然や神仏に対して敬虔な気持ちを持つことが理解できないし、怖いんですね。

アフリカで深まる中国憎悪

エミン　習近平が掲げる一帯一路はルートをみるとイスラム教の諸国を通っているんです。パキスタン、インドネシアにはかなりの額の中国のお金が入っている。イランやトルコにもです。でも、それらの国民は決して忘れたわけではありません。中国がウイグル人を弾圧し迫害しジェノサイド（集団殺戮）を行っていることを。モスクを破壊し、コーランを火に焼べたことを。イスラム教徒は絶対忘れませんよ。そこまでイスラム教徒の怒りを買って、習近平は何をしたいのか？　本当は、中国を壊そうとしているんじゃないかと思えてくるのです。それほどに彼のやっていることは理解に苦しむ。

渡邉　トルコの現政権などかなり中国寄りと見られていますが、国民の内心はどうかわかりません。かなり怒りを溜め込んでいるでしょう。

エミン　エルドアン政権自体に対する国民の不満も高まっていますからね。政権交代が起き、欧米寄りのもっとまともな政権ができれば、トルコは対中国でイスラム世界全体の世論をリードできると思いますよ。おそらく、その流れに進んでいくと思います。

渡邉　中国はアフリカにもずいぶん蚕食（片端から他の領域を侵略すること）しているけれど、アフリカにもイスラム教の方がかなりおられますね。

エミン　ええ。アルジェリア、モロッコ、リビア、チャド……これらはイスラム教国です。それから、スーダンの主に北部。日本人にはあまりイメージがわかないかもしれないけれど、エジプトもアフリカ大陸にあります。

渡邉　イスラム過激派組織も、アフリカには多いし。

エミン　ありますね。

渡邉　アルカイダに属するもの、ＩＳ（イスラム国）に属するもの、いろんなイスラム過激派組織があります。あのあたりが中国人の排斥を始めるようになったら、アフリカから身だって追い出される可能性は大いにあります。中国人労働者を拘束しても中国政府から身代金は期待できませんが、現地の中国人商店の襲撃や小規模のテロは頻発するかもしれません。

エミン　中国人排斥は時間の問題だと思います。とにかくアフリカ諸国での中国人は評判は悪い。港でもなんでも建設には中国人労働者が入り込み、現地には雇用を生まない。食事をするのも中国レストラン、買い物は中国人商店といった感じで、お金を自分たちで回して決して現地には落とさない。自分たちだけのコミュニティをつくり、現地人を見下した態度を取るからです。アフリカは長い期間欧米の植民地統治に苦しめられていたので、最初は中国を歓迎していました。しかし、蓋を開けてみたら欧米の植民地政策とは大して変わらない。むしろ欧米がやめた植民地政策を中国が復活させようとしているかのように見えてしまっている可能性もあります。

そんな折り、先日は中国の広州でナイジェリア人労働者たちが不当な差別を受け、職を失い安宿も追われてホームレスになってさまよっているというニュースが届きました。中国当局が、新型コロナウイルスショックの責任逃れのために、ウイルスはアフリカからもたらされたという流言を意図的に流したためです。路上で寝起きするしかないナイジェリア人の感染リスクはさらに高まっています。さりとて、飛行機が飛ばないので彼らは自分の国にも帰ることができない。中国当局のこの不当な行為は当然、本国にも伝わっているはずですし、現地の中国人に対する反発はますます高まり、反発は憎悪へと変化し始めています。

渡邉　アフリカの国によっては、怒りにまかせた現地人の襲撃に備えて中国人労働者が武装して街を歩いているという話ですね。

エミン　それは南アフリカですね。コンゴでも同様なことがあると聞いています。

渡邉　他国で勝手に武装集団をつくってしまう。それは完全に内政干渉ですよ。

　こんなもの、逆にいったら軍隊が出てきて制圧されてしまいますから。いや、軍が出るのが普通ですよ。もし、そんなことで国民が死んだりしたらそれぞれの国で「中国人を追い出せ」って、暴動が起きますね。ダルフール紛争があるじゃないですか。別の地域でのダルフールアゲインになりますよね。ダルフールは、アラブ系と非アラブ系の民族対立によるものだけど、これはアフリカ人と中国人の民族対立。わざわざ中国からアフリカへ紛争の種を持ち込んだようなものです。

エミン　２０１２年までの中国と現在の中国。つまり習近平政権とそれ以前の中国はまったく違う方向に向かっているように見えます。本質的には同じなのでしょうけど、胡錦涛（こきんとう）

の時代までは、軋轢（あつれき）をうまないように、対外的にもそれなりに賢くやっていた。それこそ必要とあれば、「微笑み」もしたたかに使って。

渡邉　習近平そのものが外部との付き合いを知らないんじゃないかなと思いますね。彼はいわゆる太子党（革命第一世代の党幹部の子弟）であって上海閥だから、北京のように国際派じゃないんですよね。北京の連中からすれば、上海閥なんて「銭もうけが上手いだけの商売人で国際感覚のない田舎っぺ」なわけです。

一方、共青団（中国共産主義者青年団）＝北京っていうのはエリート組織であって、ある意味、国際社会における秩序＝ルールを知っている。欧米の超一流大学の卒業生も多いですしね。国際社会への対応の仕方も心得ているわけですよ。それに対して、習近平という人物は内部政治だけでのし上がってきた人なので、国際社会との接し方があまりにも下手過ぎる。

エミン　下手ですよね、おっしゃるとおり。ただ、習近平という人は確かに太子党ですが、父親が権力闘争に敗れて下放（〝反省〟を目的として農地へ送られること）を経験している。その意味で、よくいえば苦労人、悪くいえばルサンチマン（弱者が強者に対して、「憤り・怨恨・憎悪・非難」の感情を持つこと）の人。

渡邉　今回もフランス相手に、医療マスクを10万枚あげるから5Gにファーウェイを導入しろとか言ったわけでしょ。何事においてもやることがスマートではありません。

新型コロナウイルス問題で世界中から損害賠償の声が挙がると今度は、「中国に対してのいかなる誹謗も許されない。我々を非難する国には今後、旅行者を送らない」と言い、在オーストラリア中国大使にはオーストラリア・ワインの輸入を止めるぞ、などと子供じみた脅しをかけている。自ら世界のエネミー（敵）になりたがっているとしか思えません。

エミン　そういうやり方が反感を買うということがわかっていないんでしょうね。本当に国際派じゃない。田舎者なのかどうかはわかりませんけれども。

習さんのお父さんの習仲勲（しゅうちゅうくん）はなかなか学識のある人だったらしいですが。今も言いましたように、権力闘争でやられて何度も投獄を経験しています。自分の父親を牢獄に入れた毛沢東を習近平が誰よりも尊敬しているというのも思えばへんな話ですよね。

鎖国か分裂か

エミン　確かに渡邉さんのおっしゃるとおりで、中国が２００８年以降のリーマンショックで、欧米諸国、自由主義経済が混乱に陥っているなか、中国だけがある意味、傷が浅くて借金を増やせる状況にあった。そこでいくつものレバレッジを利かせたから、世界の経済の主導権を取っていった。しかし、それで中国が調子に乗り過ぎてしまった。習近平体制になり、現在恐らく必要以上の、背伸びをしている状況なのだと思います。その無理な背伸びが中国の崩壊を早める結果になるのではないかと私は思っているんですが。

渡邉　中国共産党の崩壊を予測する声はいろいろあって、その方向に関しても諸説あるのですが、私が思うに、中国が民主化して一党独裁を捨てるだろうという希望的な観測をいう人がいまだにいたりしますが、まずそれは不可能と言い切っていいですね。

エミン　不可能ですね。

渡邉　中国の国家体制、あるいは歴史的なものからつくられたメンタリティからすればそれは不可能だと思います。それと、あと、周辺国からの要望としても勘弁してほしい。なぜなら、14億人の飢えた民を抱えたまま西側諸国の仲間になられても、面倒見切れないわけですよ。生存本能のみで修羅場を生きてきた人たちが、それこそ蜘蛛の糸に群がるようにやってきたら、たちまち西欧型の秩序が崩壊します。

そんなことを考えると、いっそ鎖国してくれるほうがずっといいという結論に達します。やはり、かつての東西冷戦のように、中国を竹のカーテンの内側に封じ込めていくっていうのが世界にとっての正解なのかなという気はするんですよね。

エミン　それに関しては西側諸国は狙っているでしょうね。特にアメリカ主導のコンテインメント（封じ込め）は始まっていると思います。しかし、どこまで成功するかという話になると、私はちょっと懐疑的なのです。アメリカのやり方というよりも、中国国内の問題として。

今の若い中国人、ミレニアム世代以降の中国の若者は、毛沢東時代を知らないわけです。天安門広場を人民服を着た市民が集団で自転車で走っているような、あの時代を。今の中国の青年世代は、豊かになって、物にあふれている社会が当たり前になっている。統制されているとはいえ、情報もあるわけですよ。海外留学も多いから西欧がどういうものかもよくわかっている。

もし、このコロナ禍をきっかけに世界が中国経済とデカップリング（切り離し）していって、中国を鎖国に追い込んでも、若い人が反乱を起こすことは目に見えている。中国の歴史を見てもそうですね、必ず民衆による蜂起が起きて、それで王朝が力を失っていく。中国政府は絶対、そうなるのは避けたいだろうと考えています。

渡邉　中国の歴史から見ると下剋上は起きているのですが、権力転換が行われ権力者の首がすげ替わるだけで国家体制自体は変わることはないんですよね。トップが下克上されるだけの話で。

基本的に中国というのは、いわゆる開発独裁型（経済発展のためには「政治的安定」が必要であるとして、国民の政治参加を著しく制限し、独裁を正当化する政治形式）の発展しか現在までしてこなかった国なので、国家構造を見たときに、経済も中央集権型で、省内で経済が完結するような省はないんですよね。そうなってくると、バラバラになって身軽になるという方向性も現実問題として可能性が低い。軍部を誰が抑えるかでこの権力闘争は決まるかもしれませんが。軍部が軍部である以上、大衆の言うことは聞かないと思います。軍部が特権階級ですから。

共産党内での今後、権力移譲があればある程度、鄧小平（とうしょうへい）時代のように西側に擦り寄るふりはするでしょうが。ただそれを世界が許すかというと、現在の状況からすればありえません。となれば、アメリカは徹底的に内側から瓦解させようという、意向を持って動かしてくると思います。ピーター・ナヴァロなどの発言を読み解く限り。

第二章　中国は世界中から排除されていく

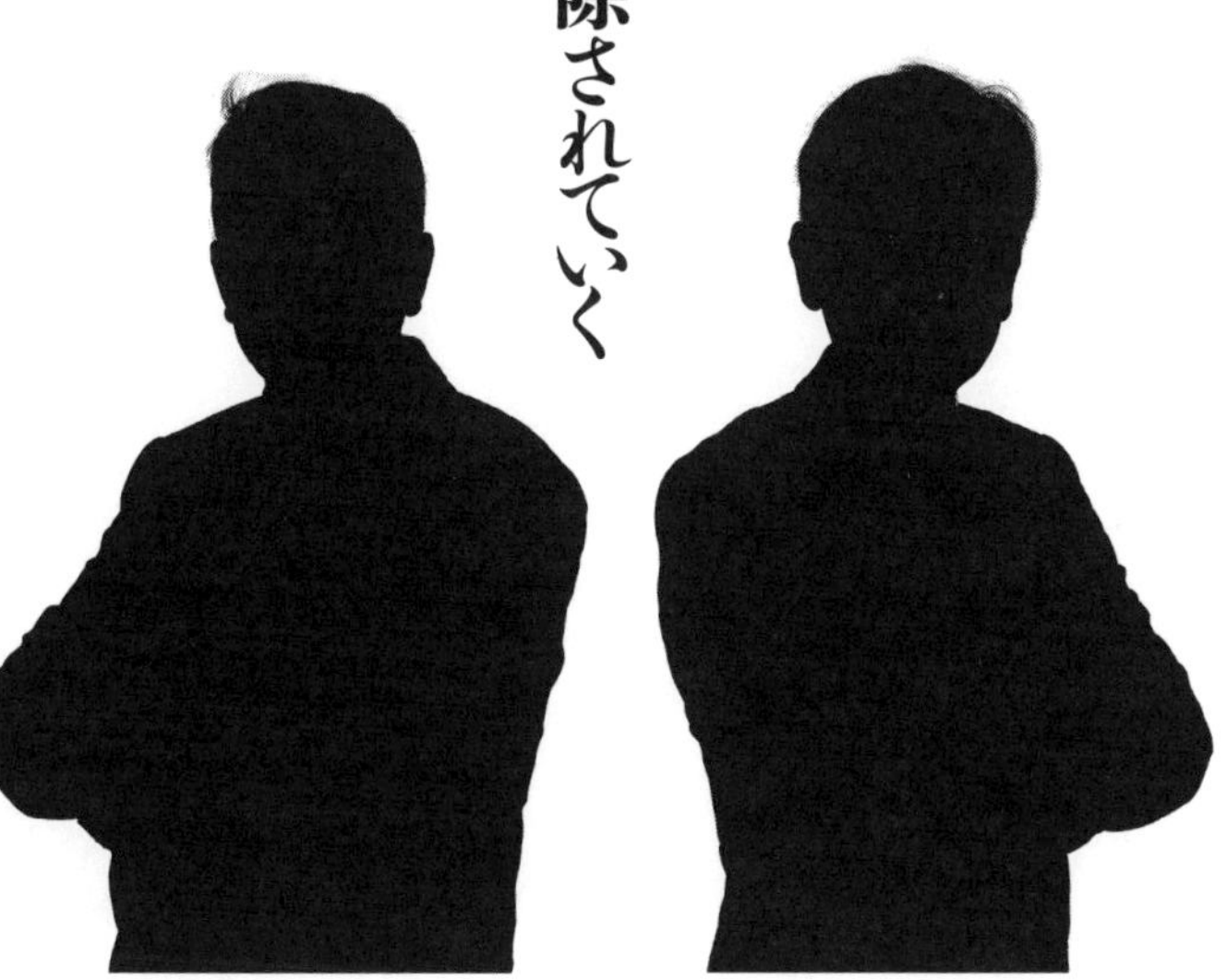

対中国戦略として米海兵隊再編

エミン　アメリカは当然、軍事的なメッセージも送っています。今年発表された海兵隊の10年計画を見てみますと、２０３０年までに戦車部隊を外す。戦闘機も減らす。その代りに力を入れるのは海での作戦能力です。これは中国を念頭に置いているとしか考えられません。要するに太平洋で戦うということ。中国を海の上で封じ込めるということです。太平洋戦争と同じ。

21世紀の戦争では、大陸で戦う必要はないし、中国のような国――1億人や2億人、国民が死んでもへっちゃらと言っているような国――とは大陸戦は無意味。日本も第2次世界大戦のときは、大陸で戦うつもりはなかったわけです。特にロシアと戦うつもりはなかった。だから日本軍は、あんまり大した戦車とかも開発してないんです。戦闘機では零戦をはじめ名機を残しましたが。

渡邉　コブラ・ゴールドという、アメリカ軍とタイ軍が主体となって、シンガポール軍やマレーシア軍など東南アジア諸国と行う共同軍事演習が毎年あります。

これまでこれに参加していたのは海軍と海兵隊だけだったのですが、去年（2019年）から陸軍がそこに加わっているんです。陸海空の3軍体制での演習に切り替わっている。これは揚陸（上陸）も含めた南シナ海の人工島の問題等も含めてのオペレーションの確認ですね。日本の自衛隊も陸海空そろって参加しています。

あと、アメリカが一番危惧しているのは台湾問題ですね。

エミン　そうですね。

渡邉　アメリカは、台湾旅行法（米台の高官の相互訪問を促進する法律）を成立させたり、台湾に関するアジア再保証イニシアチブ法案などさまざまな形で台湾への軍事的な支援を強めている状況です。台湾より南にふたつ軍事基地を復活させるとアメリカの司令官が明言していることを考えると、やはり、中国側が現在、どのような戦力の投入を考えているのかはわかりませんが、とにかく現在は、アメリカとしては、台湾に手を出させない方向に圧力をガンガンかけていく方針のようです。

エミン　そうでしょうね。ただ、現在の中国のミサイル能力を考えると、アメリカもそううかつに空母を浮かばせることはできないわけです。そうすると、やっぱりここは日本とかフィリピンなどと協力をするしかないのではないかなと思いますけどね。

渡邉　ＴＨＡＡＤミサイル（終末高高度防衛ミサイル）の重要性は増します。それと、陸上型のイージスつまり、イージス・アショアも重要となります。日本では秋田と山口に配備する予定です。

エミン　日本のマスコミは、イージス・アショアやＴＨＡＡＤというと、対北朝鮮でしか語りませんが、実際はその先の中国を意識したものなのです。どうして中国があれだけ露骨に韓国のＴＨＡＡＤ配備を嫌うかといえば、迎撃ミサイルよりもＴＨＡＡＤのレーダーシステムが恐ろしいわけです。あれで中国軍は丸裸にされてしまいます。

渡邉　ＴＨＡＡＤとイージスミサイルと、いわゆる海兵隊以外の陸軍部隊の一部、レーダー部隊と、それから、無力化兵器。これを組み合わせながら、いわゆる壁を強く造っていく、海の壁を造っていくっていうのがアメリカの戦略です。

だから、昔でいう第一列島線に対して海の壁をつくる。ほとんどもう第1次世界大戦と同じ世界の構図になっています。

トルコの立ち位置というのはいまひとつわかりませんが、現在、中国寄りの顔を見せているロシアは明らかに様子をうかがっている状態でしょう。しかしあの国は結果的に中国と価値観を共有はしませんから。

エミン　そうですね。もともとは敵対関係にある。

渡邊　敵対関係ですから。だから、都合良く手を組むように見せかけながら、どっちつかずで、最後、勝ちそうなところに乗っかるっていう、いつものロシアの戦略なんでしょうが（笑）。

研究機関から中国人の閉め出しが始まっている

渡邊　今後、一帯一路がどうなっていくかによって、中国の国際社会への進出、あとは、それぞれの地域からの中国人の排斥（はいせき）、これは必然的に決まってしまうんですよね。同じアジア人ですから、大陸の人たちと見分けがつかないから、海外にいる日本人も大変な迷惑を被るわけでしょうが。実際パスポートを見ないとわからない。

エミン　東南アジアのいわゆる華僑・華人とは別として、在外中国人が一番多くいる国はどこかといえば、アメリカなんです。労働者もそうですが、大学とか研究機関にけっこういるんですよ。理系エリートです。シリコンバレーの会社には中国人のエンジニアや技術者が高給で雇われていたりするわけですよ。

しかし、こういう人たちがもうシステマティックな形で排除され始めているんです。たとえば、直近でアメリカ有数のがん研究機関のヘッドクラスの中国系研究者が辞任に追い込まれています。現在のアメリカの大学というのはかなり人材的にも中国人の研究者や留学生に頼っている部分があるのですが、もしかしたらこの新型コロナウイルスを口実にして、中国人の留学生の排除という形に動いているのかもしれません。

渡邉　すでに、アメリカでは２０１８年の６月から、留学生のビザが５年から単年度の更新に変更されています。ハイテク分野の技術と情報の流出にアメリカがかなり神経質になっているという証拠です。

さらに今回、もともとあったＮＤＡＡ２０１９（国防権限法２０１９）におけるファーウェイに関する問題、いわゆる中国軍需系企業の排除。これと同時に、ＮＤＡＡ２０１９でＥＣＲＡ（輸出管理改革法）という、いわば再びＣＯＣＯＭ（対共産圏輸出統制委員会）をつくるという大きな動きが起きているんですね。ＣＯＣＯＭは言うまでもなく、共産圏への軍事技術、戦略物資を輸出することを禁止した西側陣営の取り決めのための委員会で

17カ国が参加していました。冷戦終結後に事実上役目を終えたとして1994年に委員会は解散したんですね。

あきらかに対中国を念頭に置いた第2のCOCOMをつくるということで、本来は3月末までに、「中国製造2025」とかぶる14業種（バイオテクノロジー、AI、粒子情報など）のうち個別品目などを指定をするとしていたのですが、今回の新型コロナウイルス問題で延期されているんです。それを動かすと。

ECRAでは、単に該当国への輸出や第三国を経由しての輸出はもちろんのこと、アメリカ国内において外国国籍を持つ者に技術開示することや、アメリカから輸出された技術を、その国において禁輸国の国籍を有する者に技術開示することも禁止対象になります。かなり厳しい内容になっています。

エミン　日本が韓国に対し、フッ化水素など対輸出管理の厳格化を示したとき、あわてた韓国はアメリカに仲裁をお願いしたのですが、アメリカは冷笑でこれに報いました。当たり前ですよね、ECRAのような強硬な法律をつくろうとしてるアメリカが、北朝鮮に軍事転用物資を横流ししている疑いが濃厚な韓国の肩を持つわけがありません。むしろ、この問題に関しては、アメリカは日本以上に韓国に怒っているのではないでしょうか。

むろん、今回の日本の対韓輸出管理強化はECRAと連動しているでしょう。北朝鮮の背後にあるのが中国です。ひとり、空気が読めず、自分の立場もわかっていないのが韓国の文政権ということになります。

渡邉　アメリカ国内の新型コロナウイルス感染拡大を受けて、トランプは人工呼吸器の生産を最優先させるため、朝鮮戦争以来のDPA（国防生産法）を適用しました。DPAは、緊急時に、政府が産業を直接統制する権限を発動するための法律です。現在アメリカは戦時体制だということです。そうなってくると、現在、ハイテク分野に限られている中国排除の動きが、医療分野だとか本当にローテク分野まで一気に広がることになります。当然、そこには人も排除されるという大きな動きが、一気に前に進む可能性が高い。コロナ禍が落ち着いても、後戻りはないでしょう。

すでにこれまで米商務省はファーウェイに対するエンティティ・リスト（安全保障上脅威となる海外企業のリスト）の比率を、アメリカ原産技術を含む割合を25パーセントにしていたのですが、これには抜け道があり、アメリカ以外で製造した半導体は使用することができていたわけです。しかし今後はアメリカ以外で製造した半導体でも米国製の製造装置で製造したものは輸出できないことになりました。このことにより、台湾積体電路製造

ＴＳＭＣは、ファーウェイからの新規受注を止めました。これはファーウェイにとってはかなりの痛手です。この決定まではアメリカ原産技術を含む割合を10パーセントまで引き下げる検討もしていました。10パーセントっていうことになると、ほとんどアメリカの技術が入ってないハイテク分野ってありませんので、ファーウェイにとっては致命的なことになります。

エミン　さきほどのお話にありましたが、テキサス大学のＭＤアンダーソンがんセンターから公衆衛生と遺伝子部の部長が――この部長はアメリカ国籍をもつ中華系の女性なんですが、中国の機関と関係があるという理由で解雇されています。追い出されているわけです。

　他の研究機関でも同じことが起きていて、特に現在、ＦＢＩが中国人の理系技術者の動向を追っかけているという話があります。

渡邉　今年（２０２０年）１月28日でしたか、ハーバード大学のアメリカ人の研究者が、アメリカ政府連邦機関からお金をもらって研究を行っているのに、中国からもお金をもらっていたことが発覚しましたね。

　あれで、最大25年資産全額没収ということで、ハーバードを中心とした大学界に激震が走ったんですね。それと前後して、1月31日にアメリカ政府は中国にいる7万人の在中アメリカ人に対して帰国命令を出しました。新型コロナウイルス感染拡大防止のための渡航の中止（すでに滞在している場合は退避）をレベル3からレベル4に上げて。レベル4の帰国命令で帰国をしろと。

エミン　帰って来いと。

渡邉　ええ。中国にいるアメリカ人の研究者って、みんなホワイトカラーですから、7万人っていうのは大変な数です。研究開発のホワイトカラーであるか、それとも金融マンであるか。

　彼ら全員に帰って来いと命じたわけで。特に、研究者なんかは、帰らなかったら帰らなかったでスパイの容疑がかかります（笑）。

エミン　開戦前夜のような状況になってきていますね。でも、それは逆にやらざるを得ないっていうか。アメリカにいる研究者たちも中国に追い返していている。これは、私も金融、フィンテック（Finance＝金融＋Technology＝技術の造語）関係に関してよくシリコンバレーの人たちとお話をしてるんですが、ICチップってあるじゃないですか。ICって、Integrated Circuit（集積回路）という意味なんですが、

Ｉｎｄｉａ Ｃｈｉｎａの略じゃないか、といわれるぐらい、あちらではインド人と中国人の研究者が多いわけです。アメリカも最近は危機感を感じているようですが、あおりを食ったのはインド人で、彼らにも現在、規制がかかっています。

渡邉　特殊ビザ、研究者ビザに関しては、中国人にはもう一切、出ないですね。

エミン　ええ。この流れでいくと、中国に帰った留学生も、もう一回戻ってこられるのかどうかはわからないですね。

渡邉　たぶん、アメリカは就学用のビザを出さないでしょうし、大学もシャットアウトするでしょう。

エミン　逆もそうで、アメリカに帰ってきた研究者が、再び中国に行くということは不可能になると思います。

渡邉　戻れないと思います。少なくとも当分の間は直行便はないわけですから、そんなときに他国を経由してまでわざわざ中国に入ろうとするなんて、怪しまれるだけですからね。

ＣＩＡなりアメリカの連邦教育局が、中国から不正な補助金を受け取っている大学や研究者を調査し始めたそうです。技術の流出を抑えにかかかっています。この流れはハイテク分野はもとよりローテク分野にも一気に進むでしょうね。ローテクといってもバカにはできません。産業の底を支えているのは今もローテクですから。

このコロナ禍で面白い、といってはなんですが、奇妙な現象が起きていました。N95のマスク1枚の卸値がアメリカで、大体、4ドル20セントから5ドル50セントぐらい。DDR4の2400っていう一番早いメモリが3ドル20セントなんです。

エミン マスクのほうが高い。

渡邉 マスクのほうが高くなっていました。普通のサージカルマスクが、1ドルくらいですね。アメリカでも0・8から1ドルぐらい。それが2ギガのSDカード1枚の値段とほぼ一致（笑）。最新技術の塊とローテクのマスクの値段がね。

「6Gの開発」でファーウェイを排除

エミン 私も日本に留学生として来ましたから、日本で中国人の留学生の友人がたくさんできました。野村證券時代の同期にもいましたし、現在も親しくつきあっている人たちもいます。彼らは個人的にはとてもいい人なのですが、問題なのは海外にいる中国人という

のは、事実上、中国共産党に家族が人質に取られているということです。だから、スパイしろ、情報渡せって言われたら、逆らうことはできない。もし、党の意にそわなければ、自分が、あるいは本国に残した家族がどんな名目で逮捕監禁されるかわからないわけです。留学生は中国大使館の完全な監視下にあります。

ですから、これは彼ら自身にその意思があるないにかかわらず、彼らの存在自体がセキュリティリスクになる可能性があります。特に戦略的な部門に中国国籍の人を置いておくことは危険極まりありません。日本は政府にもお役所にも企業にもまったく危機意識がない。私がよく知っている企業の半導体組織の戦略部門に、中国人スタッフがかなりいます。「中国とビジネスしているから、北京語を理解するスタッフが必要だ」といいますが、いや、それはわかるけれどもダメですよ。基本は入れてはいけない。中国企業は戦略的な部門に日本人や米国人の技術者を絶対に入れない。日本企業もセキュリティーに力を入れないと設計なり情報なり、すべてがダダ洩れになってしまいます。

私はアメリカも好きでプライベートでもよく行きます。一般のアメリカ人って、気のいい能天気な人も多く、それはそれで楽しいのですが、それとは別の、上のレベルの人たち――シンクタンクのスタッフとかＦＢＩとか、インテリジェンスの中心にいる人たちはさすがに中国のリスクをわかっていますね。一方で、日本人はどこまでわかっているのか不安にならざるをえません。

渡邉　チャイナリスクをわかっている部分とわかっていない部分が大きくふたつに分かれていているのが現状です。経産省が官邸に要請して、ようやく日本版NSS（国家安全保障局）の立ち上げにこぎつけました。北村滋さんという警察庁出身のエリートを中心とした経済スタッフおよそ40人規模で、アメリカの新しくできるECRAとかEARに対応できるように、現在組織づくりを始めているところです。2017年に輸出管理を強化して、これで、ほぼすべての輸出管理品目に対して輸出規制をかけられるようにしたんですね。そこで問題になったのが、例の韓国の3品目です。去年の10月の臨時国会では、外国企業による買収規制が決まった。これも0・1パーセント以上って世界で一番厳しい法的基準でできあがりました。

ただ、運用面でまだ対応できていません。運用面対応の部分を官邸側で、今つくっている最中です。なんといっても、これは官邸コントロールでやらないとダメですから。民間企業に対しては経産省からはかなり厳しく警告はしているけれども、経営者によってまったく理解ができていない人も存在します。逆にしっかりと危機感をもって対応し始めている企業もいくつかあります。ひとつはＮＴＴですね。

エミン　はい。ＮＴＴ。

渡邊　じつは、もうすでにＮＴＴの主導のもと、５Ｇの後継の６Ｇという光半導体を中心とした、これまでの１００倍以上の速度が出て、１回充電すれば１年ぐらい使えるという低消費電力のチップの研究開発が終わっているんです。

エミン　実証実験を終えたわけですね。

渡邊　そう。開発は済んでいて、周辺特許を全部収得した段階です。ただ、中身の技術に関してはすべてクローズです。なぜかというと、特許を取ってしまうと３年後に公開されるので、中国にコピーされてしまいますから。

それで、２０２５年をメドにその一世代前というか、半世代前の５・５Ｇの導入が決定しています。５・５Ｇというのは、ファーウェイが入らない。Ｍｉｃｒｏｓｏｆｔ、インテル、ＮＴＴ、ソニー、Ｑｕａｌｃｏｍｍと、欧米メーカーが中心です。現行の５Ｇの仕組みに関しては、ファーウェイは、システム、基地局、端末、全部一括してつくれるんです。それに対して、エリクソンは下に富士通がぶら下がっている。ノキアはサムスンとＮＥＣがぶら下がっている。ネットワークづくりは各キャリアがやっています。だから、たとえばＮＴＴとかＫＤＤＩとか。西側の仕組みって世界中で分割されているんですよ。ファーウェイは上から下まで一括してできるというのが強みなのです。

エミン　一括というと、コスト的には有利ですね。たとえば、新興国が導入するときは全部セットアップで、ということになる。新興国にとっては魅力的だけれど、結局は中国のネットワークに組み入れ、情報はすべて、中国に持っていかれるということになりますね。

渡邉　ですから、これを防ぐために、現在、ベライゾン、ＮＴＴ、Ｏ２とか、キャリアが主導する形で上を飲み込んで、５・５Ｇをつくる方向に向かっています。５Ｇは５・５Ｇに接続できません。分断する。

エミン　ファーウェイの閉め出しに向かっている。

渡邉　現在入れてる基地局とか端末設備って、４・５Ｇという世代のものなんですね。５Ｇを入れたときに、転用できる設備が大量に入ってる。これが問題になっていて、ＮＴＴとＫＤＤＩはファーウェイの仕組みを入れてないんです。ソフトバンクはファーウェイの４・５Ｇ世代を入れてしまっているので、５Ｇに移行するときファーウェイを入れないと相性問題が出てしまう。

エミン　ソフトバンク、いろいろごちゃごちゃやってますね。

渡邉　ブリティッシュテレコム（ＢＴ）とか、イギリスが基幹部分からファーウェイを排除しないと言った理由もそこにあって、ＢＴがキャメロン・オズボーン政権の時代に中国べったりだったというのも大きいのですが、あのときにファーウェイの端末を４・５世代に入れてしまっているので、完全に排除しようと思うと５０００億円ぐらい余分にお金がかかってしまうんですね。

エミン　でも、今回、イギリスもようやくファーウェイ排除に舵を切りましたから。さすがに首相までコロナでやられては、がまんならないでしょうね。

幸い、ジョンソン首相も大事にいたらなかったようでなによりです。こんなことで戦争になってほしくないですから。

「マネー対国家」という対立軸

エミン　さて、その5G関連でいうと、もうひとつは恐らくこの21世紀の戦いっていうのは、私はお金だと思っているんです。電子マネーね。それも、結果的には5Gとつながっ

ているんですね。

渡邉　それもフィンテックですからね。

エミン　通信インフラが。その意味で、これは冷戦なのかどうか。じつはもうすでに戦争が始まっていて、ただ単に軍事アクションが起きてない、物理的に弾が飛んでいないだけの状態のようにも見えますね。戦いは静かに始まっている。

渡邉　ただ、やはり通信を握る者が戦争に勝つというのは、これまでも歴史が証明することであって。そういう面でいうと、やはり狼煙（のろし）の時代から通信を支配したものが強い。そもそも伝書鳩もそうですしね。

エミン　マラソンの起源も戦勝報告だったわけですからね。

渡邉　だから、そういうことで言えば、もう何年か前に戦争が始まっていて、これが一気に表面化したのがこの新型コロナウイルスであったという見方もできます。

エミン　そうですね。面白いのは、私はお金の歴史の研究もやっているのですが、中国というのは、モンゴル帝国（元）が支配していた時代に、世界で初めて紙幣（紙のお金）が基本貨幣になった。それで通貨が「元」なんですって、元の前の北宋時代に、みんなが持っている金（キン）とか銀を国が全部集めて、国に預けて、その代わりに「交子」と呼ばれる紙を渡した。証券のような。これがお札の始まり。

渡邉　引換券ですね。

エミン　引換券ね。それが、たとえば外から来た商人にまで、あなたもキンを出せと。キンと引き換えにそれを渡していたそうです。さらに、外から来た人の似顔絵を描いて特徴を書いて、全部、警察組織にばらまいていた。こう考えると、中国がやっていることは確かに昔から変わらないですね。同じことをやっていますよ、８００年前と。現在も監視システムです……ハイテクノロジーを使った監視システムを敷いているだけで。

渡邉　外部から入ったお金を外に出さないっていうことでも同じですね。

エミン　外に出さない、全員監視する、警察国家。ということは、本質的にはおっしゃるとおりで、名前が共産党だろうが、北宋だろうが元だろうが、明だろうが、清だろうが、変わらないという。おそらくは中華民国も。日本も戦前、中国大陸に膨大な投資をして開拓団まで出しましたが、結局は回収できなかったわけです。これは中国というものの特質なんだと思います。

渡邉　ゲームセンターですね。パチンコは出玉を換金するシステムはありますが、ゲームセンターのメダルはゲーセンのなかでしか使えない。使いきるしかない。

エミン　もうひとつ、私が思っているのは――、いろんな対立軸があって、たとえば、海洋国家対大陸国家、そして、自由主義経済対国家主義、全体主義、中央集権主義。さらには、現在、世界で起きているのが、グローバリズム対国民国家＝ナショナリズムという対立軸ですね。そのなかで、歴史的に見てみるとやっぱりマネー対国家のぶつかり合いもある。

渡邉　そうですね。

エミン　これは古代のギリシャ、スパルタとアテネの戦いもそうだし、後のローマのなかの権力争いもそうだし。これらは最終的にはすべて、国家が勝っているんですよ、お金を持ってるほうじゃなくて。

今回は、ただ、その意味で言うと、必ずしもアメリカっていうのはマネーなのかといえば、ちょっとそのへんが曖昧じゃないかなと私は思っているんです。ですから、さっき言っていた中国がグローバリズムのパトロンみたいなところがあったじゃないですか。それをやっているほうが、自分のところ、国内では全体主義的な統治を行っていて、現在の仕組みになっているというのはそのへんがすごく矛盾しているんですよ。

これはなにも中国だけの話ではなくて、よく考えれば、アメリカも同じ。トランプは自由主義世界のリーダーですが、しかし一方で、アメリカファーストでアメリカの国家主義、もしくは、アンチグローバリズムを復活させようとしています。

渡邉　そうですね。ですから、歴史的に考えると、トランプのモデルっていうのは30年前の共和党モデルに近いのではないかなと思うのです。

先の冷戦が終わって、いわゆる共産主義、社会主義、東側勢力が敗北した。そのときに、ネオコンといわれる民主党側にいた共産主義、社会主義者たちがアメリカの共和党に入ってきた。コーク兄弟がその代表格になると思うんですが、彼らがネオコンサバティブ＝新保守主義（アメリカ的な思想を世界に広めることなどを信条とする勢力）ということで、共和党のなかで金の力で共和党の主流派を形づくっていったわけですよね。

彼らが、今、もう追い出されちゃったじゃないですか。共和党の前の下院議長、ライアンとか。だから、そういう面においては、もう本当に古い、テキサスの老保安官的な共和党に戻りつつあるように見える。

エミン　その可能性はもちろんありますし、一方で、すごく複雑なのは、さっきもお話をしましたように、その仕組みが、誰がどこを代表しているのかというのがはっきり見えてこないのと、もうひとつ、たとえば、さっきのバイデンと中国の関係もそうなんですが、今のトランプ政権の運輸長官が中国系でしたよね。イレーン・チャオ（趙小蘭）。

渡邉　彼女は台湾出身です。

エミン　台湾人なんですけど、でも、お父さんは戦後、国民党と一緒に中国大陸から渡ってきた人でしたよね。ルーツは上海だったと思います。

渡邉　そうですね。外省人でした。

エミン　お父さんのジェームス・チャオ（実業家）は江沢民（こうたくみん）と上海交通大学の同期生で友人。チャオ父娘は上海閥と太いパイプを持っていて、イレーンは何度も江沢民と会食しています。一説では、イレーンの夫のミッチ・マコーネル上院議員にも上海のお金が流れているという話です。もちろん習近平派ではないのでしょうけど。

でも、それを考えると、アメリカ、というか共和党も必ずしも一枚岩で固まっているわけではないなと思います。

第三章　アメリカとの対立

——中国は変わるか？

新型コロナウイルスは「戦争」

渡邉　アメリカという国自体にアイデンティティーがないわけですからね。そもそも移民国家で民族、宗教、国民に共通するベースがないわけです。よくプロテスタントの国といわれますが、やはりユダヤ系は無視できない存在ですし。

こう考えると、アメリカのアイデンティティーって戦争なのかもしれませんね。戦争で国民がひとつにまとまるというか。

エミン　私はビジネスだと思っているんですけどね。

渡邉　アメリカのアイデンティティーというのは、正義。あくまで「アメリカにとっての」が頭につきますけど。

エミン　ああ、それならわかります。アメリカ人が大好きな言葉、ＪＵＳＴＩＣＥ（正義）。ジョン・ウェインの保安官ですね。それなら、戦争も含まれます。

渡邉　正義が大義で、それがビジネスにも活かされるわけですが。アメリカが正義を声高に叫んだり、振り回し始めると、必ず戦争が起こるんですよ。

アメリカにとっての正義・大義がどこにあるのかといえば、人権と自由になってくるわけです。そこにおいては、民族的だったり宗教的だったりするものというよりも、アメリカの正義・大義に合致するかどうかっていうところが、大きなポイントになっています。現在アメリカ人の間では、コロナはアメリカに仕掛けられた「戦争」だという共通認識が醸成されています。

エミン　多分、おそらく欧米人の多くはそうだと思います。アメリカだけの傾向ではないですね。ヨーロッパもそうだと思います。

渡邉　アメリカはこれを人類にとっての何百年ぶりの大戦争であると捉えようとしています。敵はあくまでウイルスであるけれども、そのうしろには中国共産党があるという認識です。もうその意味で戦争は始まっています。

エミン　おっしゃるとおり。日本人も覚悟しておいたほうがいいと思ってるのは、これはもう欧米は、中国が敵かどうかを議論している段階は超えているということです。この戦争にどうやって勝つか、勝てるかを考えている。

渡邉　どうやって相手を殲滅できるかしか考えない。まずはウイルスの殲滅なんですが、ウイルスの殲滅の次には、ウイルス禍の原因をつくった者たちへの容赦ない制裁です。報復といってもいい。もはや、そのための「正義」のストーリーはできています。

エミン　今回の新型コロナウイルスの話でいうと、私は中国が人工的にウイルスをつくったかどうかはわからないし、つくってないとは思います。しかし、意図的に広げたのは間違いないと思っていますね。武漢でアウトブレイクが起きて自分たちが大変な目に遭っている。それならば全世界が同じ目に遭えばいいという発想。隠ぺいと放置ですね。

渡邉　ええ。中国が隠ぺいしただけならまだしも、今度は新型コロナウイルスはアメリカが持ち込んだ軍事兵器だとか言いだしましたしね。まるで子供のような責任転嫁。

エミン　中国はマスクを大量生産して世界に売っています。イタリアなんか医療崩壊を起こしても頼みの綱である仲間のEU加盟国は自分たちだけで手一杯で助けてはくれない。そこに中国から医療チームが入ったり、マスクを売ってくれたりしているわけです。加害者から一気に救世主に変身しようとしていますが、まあ、世界もそう甘くはないわけで、彼らの思惑もあまり上手くはいっていないでしょう。

渡邉　中国はそれでいい格好しているつもりでしかも、実際は大きな利益をあげている。中国は2020年4月の輸出や工業生産高が2月、3月から急増していますが、そのほとんどはマスクです。まさにマッチポンプ。それに対して、自分の家族や友人を殺された人は恨みを忘れませんよ。ちょっとばかり物品が届いたとしても、中国様が助けてくれた、などと恩に着る人がいるのかって。

エミン　中国国内では、「世界は中国の支援に感謝している」という類の共産党のプロパガンダが通るかもしれませんし、なかには信じている人もいるかもしれないですけどね。私はトルコ出身ですから、本国の生の声を聞いていますよ。たとえば、私のいとこは医者なのですが、彼の話によると、中国のテストキットは不良品でほとんど使えないから、現場は大変なストレスを覚えているそうです。医療機器などもまったく役に立たないと言っていました。

トルコのメディアっていうのは政権に全部支配されています。エルドアン大統領が中国寄りだから、あんまり中国の悪口は報道されないんです。しかしＳＮＳレベルとか国民のレベルになると、もうボロクソに中国の悪口が飛び交っています。

中国はこれを挽回できるような機会は、私はもうないと思います。少なくともそのウインドー（窓）は完全に失われた。

渡邉　中国のやり方というのは、お金でその国の権力者を押さえ、メディアを押さえるというものですからね。たとえば、アフリカの小国に経済援助という名目でお金を投入する。結局、そのお金は国民を豊かにするのではなく、権力者の懐を潤すことになる。権力者はますます力を持つことになって圧制を強める。対外的には、たとえば、お金をもらった国が国連のような国際機関で、「中国のため」の1票を行使することになる。しかし、こういうやり方はもう完全に見破られています。

民主主義で普通選挙が行われている限り、その国の国民の意志が政治に反映されるんですよ。そうなってくると、一部の特権階級を押さえたところで一時は誤魔化せるかもしれないけれど、それも長くは続かない。暴動だって起こりかねない。

下手にそれに巻き込まれて中国の言いなりをやっていると、ベネズエラ化しますよ、国が割れ、格差は広がり、財政破綻へと進む。ベネズエラは社会主義政権ができて中国と石油のバーター取り引きを始める前までは、南米の国のなかではそこそこ経済的には上手くいっていました。

エミン　ベネズエラでは5月1日にもまた暴動が起こりましたね。今度は刑務所の囚人が起こした暴動だという。ただでさえ、政府への不満に火がついているところに、この新型コロナウイルスパニックですから。

欧米が中国依存から脱却を開始

エミン　アメリカに話を戻しますと、新型コロナウイルスの死者数がベトナム戦争の戦死者（5万8313人）を超えたというニュースが複数のメディアでショッキングに伝えられました。次元の違うものを比較しているような気もしないではありませんが、要はアメリカがコロナ禍を戦争と捉えているあらわれですね。一種のプロパガンダとも言えますが。

当初はアメリカのコロナ死者数は最終的に100万人を超えると予測している識者もいました。現在は流石にそこまで多くの人が亡くならないとの見方ですが、それでもすでに10万人を超えていますし、アメリカもいよいよ物理的な戦争のオプションに移行せざるをえないかもしれません。何もしないと世論が許さないでしょう。

渡邉　核保有国同士の本格的な戦争が起こるかどうかはわかりませんが、結果的にアメリカとしてはなんらかの形で決着をつけざるをえないですね。むろん、国際社会もこれに同調するでしょうしね。

エミン　みんな、フラストレーションがたまっているじゃないですか。怒りが爆発寸前なわけです。もはや、ただ単に自分の親戚が死んだとかそういうレベルの話だけじゃなくて、現在、世の中が、全世界がシャットダウンして、みんなは家にいて、テレビをつければ、コロナのニュースしかやっていませんし、気分が暗くなります。経済的な被害ももちろんのこと、精神的な被害も起きているわけですよね。ストレスからくるドメスティックヴァイオレンスや幼児虐待の報告もあります。これは日本だけではなくて、アメリカだけでもなくて、世界共通の傾向です。

渡邉　わかりやすいのは、日本政府が中国・韓国からの入国をシャットダウンした瞬間に、安倍総理の支持率が10ポイント上がったということですね。

エミン　そうですよね、おっしゃるとおり。本来はもっと早くやるべきだったと思います。とはいえ、初期のころ、新聞はさんざん「排外主義に走るな」と書いてきた。政府が重い腰をようやく上げると、対応が遅いと非難される。どちらにしても文句言われるのですから、政府としてはやりにくいとは思います。トランプ政権もほぼ同じ目に遭いました。こういう非常時には、ある程度の強権的な決断も必要です。

渡邉　まあ、これは結果論になるのですが、あの時点で中国人の入国を止めていたとしても、結局、ヨーロッパから入ってきたので時間差が生じただけかもしれませんけどね。

日本のマスコミは国連とか国際機関は正しいと思っていますからね。ＷＨＯの言うことを聞いていたら、対応が遅れるのは当たり前。ＷＨＯは中国の隠ぺいの片棒担ぎと思われても仕方がないし、現に世界はそう見ている。テドロス事務局長に対する不満や疑念もますます強まっています。

エミン　テドロス辞任を求めるインターネット署名が１００万人を超えましたね。

渡邉　結局、現在中国がやっているマスク外交とか医療品外交自体が、非常にマイナスに働いている可能性もありますよね。やればやるほど、世界を怒らせるだけ。

エミン　まったく。中国はこれまで欧米のナライティヴ（物語）をうまくコントロールしてきた感はあるのですが、今回はもう、大コケしていると思っているんですよ。中国プロパガンダは全部、ガタガタに崩れている。これはもう絶対にその代償は支払わされると思うし、長期的なインパクトになると思っています。

渡邉　第１次世界大戦終了後、ドイツに賠償支払わせるためにできたのがＢＩＳ（国際決済銀行）なんですよね。バーゼル銀行委員会なわけですよ。今回の案件もそれレベルの話になっていくのではないでしょうか。

エミン　私もそう思いますね。もちろん中国は払おうとしないだろうけれども、そうすると、どんどん中国から世界経済がデカップリング（分離）していくということになります。もうすでにメイド・イン・チャイナ不買運動が起きているわけですし。

これまでも中国のカントリー・リスクは囁かれていましたが、もうそれどころの話ではありません。中国にビジネスでコミットし続けるということは、世界から白眼視される。そんなリスクを背負いこむレベルの話です。

渡邉　日本だって、サプライチェーンの回復ということで中国から日本企業を引き揚げることに、予算を２４００億円組んで補助金を付けることを決定しましたからね。これ、企業の希望があれば積みますよと言っていることですから、下手すれば大規模な中国からの離脱というのが、国が主導する形で進んでいきますよ。

まず、医療品の分野。たとえば、マスクに使うメルトブローン不織布っていうフィルター素材。これは日本はつくることができていた。アメリカもつくることができていたんだけど、コスト的に安いからといって工場を中国に移転した。それから製薬材料。これも、世界中の薬の原薬の50パーセントぐらいが中国依存というのが現状です。それが、中国でつくった原薬をインドに持ち込んで、インドで製剤化したりする方向にシフトし始めています。だから、この部分も完全に中国から戻す方向で、現在は動いてる。日本も。それはそうですよね、医療や保健衛生に関する製品をあの杜撰（ずさん）な中国に任せるわけにはいかない。

最終的に、組める国と組めない国、どこの国と組めるのか――、国民の安全保障、命を守るうえで、どことは組めるけど、どことは組めないって話になってきちゃうわけですよ。これがひとつの分断の基準になると思います。そこにおいて、残念ながら中国はもう入っていない。場合によれば韓国も入っていないと。

エミン　可能性はありますね。これはだから、今お話をしましたように、うかつに中国を商売のパートナーにしてしまうと、アメリカから制裁を受けてしまう可能性がありますから。

渡邉　ドル決済が止まれば、貿易ができなくなる。もうすでに、ハイテク分野でいえば、産業ロボットでアイシン精機の中国の子会社が要注意リストに入ってる。何社も要注意リストに入っています。ブラックリストまでいかなくても、要監視対象となった瞬間に、金融がもう一切お金出しませんからね。金融機関が処罰受けてしまいますから。アメリカの銀行と取引できないということは、企業にとって死を意味します。

エミン　一方でおかしな話もあって、たとえば米軍も一部物資を中国から購入しているんですよ。ナイトビジョンのゴーグル、あれに使用する金属、タナチウムは中国から輸入しているそうです。だから、むしろ、日本よりも欧米のほうが中国に依存していたのではないかと、私は思っているんですよ。あえて言えば日本のほうが、わりとそういう意味での危機感があったかもしれない。

今までの欧米のこの対中依存度が、これを機に一気にまず抜けることを期待しますね。

渡邉　もうすでにそれは始まっていて、ＮＤＡ２０２５によって中国製通信機を国内から排除するというルールを決めていますね。

米軍が調べていったところ、国内のネットワークのさまざまな場所に中国製の機材が入っていて、これを排除するのはじつはかなり厄介なんです。アメリカも単独ではできない。なぜかというと、ローテクの物をつくる会社がなくなっている。結果的に、ＮＴＴが米軍の一部のネットワークとかにも関わっているので、ＮＴＴに話が来て、ＮＴＴが日本のメーカーをもう一回、再結集して、日本主導で動いています。実際につくるのは台湾とかいろいろなところを巻き込んで、中国製の機材からの置き換えを始めるってことで動いている状況です。

香港からカリフォルニアに結ぶ光ファイバーをＧＡＦＡ（ガーファ）がつくりました。

これもアメリカ側が接続拒否しているんですね。敷設は終わっているんだけど、間に入っている機械が、全部、中国製だから。

GAFAとは、つまり、Google・Amazon・Facebook・Appleの IT巨大企業の頭文字。これにMicrosoftを加えてGAFAM（ガーファム）という言い方もあります。

エミン　そうなんですよね。中国製をきれいに排除するのは並大抵ではない。しかし、そのおかげでNTTが浮上するきっかけになってくれればとは思います。

経済大国と途上国の二枚舌

エミン　Amazonが中国の製品、安いメイド・イン・チャイナを全世界にばらまいているわけですよね。1969年にアメリカの郵便局がUPU（万国郵便連合）――Universal Postal Unionの制度として、中国に補助金を出すことになりました。当時の中国というのは貧乏でしたから、2キロ以下のパッケージだったら非常に安

く運べるようにと。結局、そのメイド・イン・チャイナの安い製品がアメリカ中に散らばって、それが中国が大国になっても続いています。その補助金がまずなくなる。そうなると、中国からパッケージを送るだけでも20ドルぐらいかかるから、もう中国製品が売れなくなるということになります。

だから、私はこれは全体的には、現在、中国デフレというか、中国が世界に輸出しているデフレも終わるので、これをきっかけにね、やはりメイド・イン・ジャパンへと回帰するのではないかと思っているんです。

渡邉　結局、万国郵便条約で100年以上前に結ばれた条約がまずその根底にあるんですけれども、これは郵便局同士で、たとえば中国からアメリカに物を運ぶ場合に、中国からアメリカの荷受け港までは中国郵便の負担、アメリカ国内はアメリカ郵政の負担なんです。逆もまたしかりで、しかも中国からアメリカへの送料には補助金が出ている。一方、米国を含む富裕国の料金は高く設定されているんですね。

日本も含めて万国郵便条約に入っている加盟国すべてそうだったのですが、あまりにも不公平ということでトランプが万国郵便条約から離脱すると言って脅して、改革することになったわけですね。今年（2020年）の10月からそれが完全になくなる。

エミン　このシステムでアメリカが被った対中赤字は年間1億7000万ドルに及ぶらしいですから。小包一個あたり7ドルから11ドル、アメリカが負担している計算になります。

渡邉　Alipay（中国アリババ社の電子決算アプリ）、AliExpress（アリババ社の通販サイト）を使えば安く商品が手に入る。それを海外に売る。Amazonに注文したら、「発送国・中国」ってなっているカラクリがこれですね。

エミン　ですよね。そういう仕組みのまま、中国を野放しにしてしまったということ。あんな危険な国家を。これは反省すべきだと思います。

渡邉　そもそも中国は、世界で第2位の経済大国になりながら、WTOの新興国優遇、特恵関税も受けていた。経済大国と途上国、ふたつの顔を都合よく使い分けて、いいとこ取りを続けてきたんですよ。非常にアドバンテージのある有利な状況で中国はこれまでビジネスをしてきた。

エミン　そういうビジネスの話になると猫のふりをして、外交の話になると自分が虎だと言いだす。

渡邉　そういう歪みにようやく世界も気がついた。中国のずるい戦略によって、中国製品が非常に安い値段で日本国内にも入ってきていた。先ほど、エミンさんが国内に内需が戻ってくるかもしれないとおっしゃっていたけれども、日本のＧＤＰが伸びなかった理由も１００パーセントそこにあったわけですよね。

エミン　私もそう思います。

渡邉　ＧＤＰって日本語でいえば「国内総生産」なんですね。日本企業が中国でつくると中国の国内総生産に入ってしまい、日本の国内総生産に入らないんですよ。中国から安いものが輸出で入ってきてしまうので、国内がデフレになり、物の値段が下がって賃金が下がって、結局、日本メーカーが日本人とほかの日本メーカーをいじめているという摩訶不思議な格好になってしまっている。

本来であれば、これが資本を移動できる国であって、利益を日本国内に還流できて、その後サービス産業で拡充できればいいんです。しかし中国はＡＴＭではなくて、貯金箱だからお金は取り出せません。ＡＴＭはお金を引き出せるけど、貯金箱は壊さなければお金を取り出せません。

エミン　中国はねずみ講だから。おっしゃるとおりなんですよ。お金は出てこないんです。

渡邉　だから中国側に入る一方なんですよ。国内には結果的に持って帰ることができませんから、日本がどんどん貧しくなる構造って、これはどうしようもない。

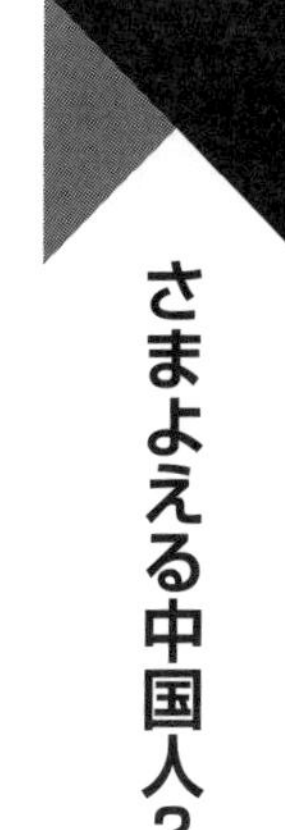

さまよえる中国人？

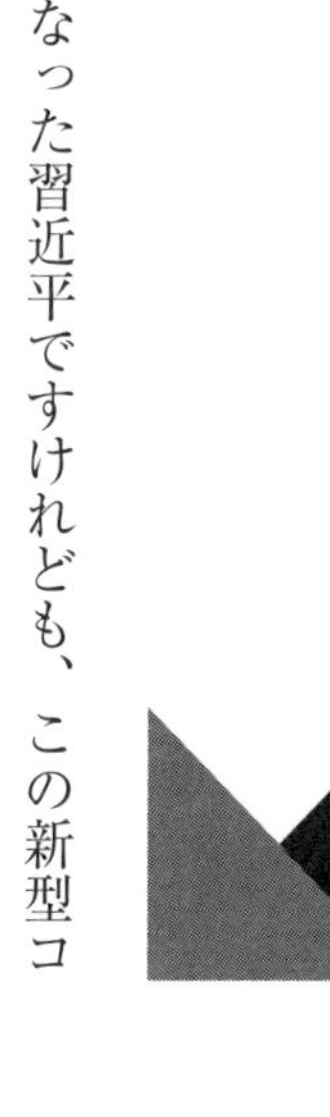

エミン　永世国家主席になり、現代の中華皇帝となった習近平ですけれども、この新型コロナウイルスショックは彼の描くタイム・スケジュールを大幅に狂わせてしまいました。まあ、たとえ彼が失脚したとしても、首が替わるだけで、中国共産党の本質が変わるわけではないわけですが。

渡邉　中国人はプラグマティスト（実用主義者）ですから、イケイケでやり過ぎたと思えば、一番手っ取り早い方法がトップだけ変えてしらばっくれるというやり方を採ります。「あれは習近平がやったことです」と。要するに、文革の失敗の責任をすべて江青ら四人組におっかぶせて粛清したように。ただ、これは現状、可能性としては低いと思います。彼の寝首をかくほどの存在が思い浮かびません。

エミン　共産党が存在している限り中国は変わりません。めちゃめちゃな監視体制ですからね。どうやって変わるんだ、逆に。変わるきっかけが見えない。

渡邉さんは「中国が民主化したら、今度、国が割れて難民が各国になだれ込む」とおっしゃっています。それはそれで新たな問題を生みますが、とはいえ、あの国は、民主化したほうがいいに決まっている。力を分断したほうが、私はいいと思います。

民主化して普通に為替変動相場制になれば、お互いに実力の範囲で平等に取引ができますからね。

渡邉　2019年の8月に、租税情報交換で日本に住む外国人と外国に住む日本人の税務情報交換やったんです。だから、中国人が本人名義で日本の不動産を買えば、全部、中国政府に把握されるようになりました。

それで面白いのは、中国人が一時買っていた日本のマンションをどんどん売りに出していて、それを買っているのが香港人なんです。香港デモ以降、その傾向が進んでいる。

エミン　面白いですね。中国で、20億円以上持っている資産家のうち3分の1はもうすでに海外に逃げているという話がありましたけどね。ここ、もう5年から10年間で中国からは兆を超えるお金が逃げているらしいですよ。もちろん、党の幹部は海外に隠し財産を持っているでしょうが。

渡邉　しかし、結局、その人たちが行った先で追い出されてしまう可能性もありますよね。

ＥＵでは、新型コロナウイルスショック後、国境の再認識が始まりシェンゲン協定（加盟している国家間において出入国審査なしで国境を越えることを許可する協定）が事実上意味を失いつつあります。ＥＵ内で再び国境審査が復活するわけです。当然、欧州以外の国々からもおいそれと入ることができなくなる。ご承知のように、イタリアで欧州最初の感染爆発が発生した背景には、中国人労働者が多く移住していたことが第一に考えられていま す。春節で里帰りしていた彼らがウイルスを持ち込んだ可能性が高い。中国人に対する風当たりは強くなる一方です。

アメリカもダメ、ヨーロッパもダメ、日本もダメとなる可能性は高いですね。「さまよえるオランダ人」ならぬ「さまよえる中国人」となって流浪するのでしょうか。

エミン　残るは、カナダとかオーストラリアですが、ここも過去、中国人を受け入れ過ぎて、現地人と軋轢を起こしていますしね。

渡邉　同じ中国系同士でも軋轢がありますから。昔からの古い世代からの移民たちが、ニューカマーの中国人と対立して追い出されているような状況です。アメリカ国籍を持っている、カナダ国籍を持っている中国系にとって、ニューカマーの中国人って敵なんですよ。

彼らの言葉でいえば、老華僑と新華僑。中国人というのはもともと同郷意識が強いですから。たとえば、福建出身者なら福建出身同士が、世代を超えて同郷で固まる。同郷人の面倒は同郷人が看るという傾向があるわけですよ。しかし、老華僑が同郷のよしみで新華僑の店員を抱え込むと結局は新華僑にお店を乗っ取られてしまうということもよくあったといいます。身ひとつで海を渡り苦労してよその土地に根付いた老華僑と共産主義体制の下、過酷な生存競争と人間不信の中で育ったニューカマーではしょせん価値観やものの考え方が違います。

エミン　何代もわたってチャイニーズの信用を築いてきたオールドカマーからすれば、あとからやってきて好き勝手に振る舞うニューカマーは目ざわりでしょうね。台湾人はなおさら、たまったものではないですね。

私は台湾人の友達も多く、台湾にも親しみを感じるほうです。そのせいではないでしょうけど、米民主党の大統領候補では台湾系のアンドリュー・ヤンを支援していたんです。彼はじつに面白い人物ですよ。

渡邉　現地の欧米人からすれば、台湾人と中国人もオールドカマーもニューカマーも見分けがつかないわけじゃないですか。いや、はっきり言って日本人と中国人の区別もついているかどうか。実際、今回のコロナ騒動で、フランスでは日本レストランのドアに差別的な落書きがされたという事件もありましたね。もっとも日本レストランの看板を掲げていても、経営者は中国人や韓国人だったりします。

エミン　トルコだと台湾人が背中に「私は台湾人です」と書いたＴシャツを着ていたりしていますよ。中国人と思われて大学内でいじめられるようなこともあるらしいですよ。だから、自分は中国人じゃない、台湾人だ、と。

渡邉　でも、そのＴシャツ、一番欲しがるのは中国人かもしれませんね（笑）。

ハリウッドの中華汚染

エミン　中国の巧妙なところは、ハリウッドという、いわばアメリカの基幹産業である映画界をチャイナマネーで押さえてしまったところ。一時期、『不屈の男　アンブロークン』（２０１４）のような反日的要素の強い映画が何本か製作されたのもその露骨な影響でしょう。熱心な仏教徒で中国のチベット弾圧に対し公然と批判を続けるリチャード・ギアは事

実上、ハリウッドから追放状態にあります。一時、彼はインデペンデント系の映画会社での仕事に活路に見出していましたが、そこにも妨害が入ったようです。

彼と仕事をしたがっている中国の監督もいたのですが、クランクイン2週間前に突然、監督から電話がかかってきて、申し訳ないが、できなくなったと言われたといいます。もし、ギアを使ったら、監督は仕事を失い、彼と家族は二度と中国から出国できなくなるという脅しを受けたと。これはギア自身が明らかにしている。

渡邉　日本の企業もバブルのころ、MGMやコロンビアを買収してひんしゅくを買いましたが、それとは性質が違いますからね。

エミン　ただ、中国のこのやり方自体は、もはや続かないでしょう。

渡邉　2018年10月、ハドソン研究所で行われたマイク・ペンス副大統領のいわゆるペンス・スピーチで「北京はハリウッドが中国を極めて好意的に描くようそのつど要求し、そうしないスタジオとプロデューサーを罰する」とはっきり言いきっていますね。

ハリウッドが中国に忖度し続けている背景には、もちろん中国資本の流入もあるのですが、そのあとの中国大陸の広大なマーケットの存在もあります。

しかし現在、中国国内の映画産業自体が半死状態で、映画館に一切お客さんが入らない状況が続いています。その理由のひとつは、習近平による映画検閲の厳格化。これで自由な映画が創れなくなった。中国の観客も目が肥えてきましたから、いまさら日本軍を素手で倒すような荒唐無稽な抗日映画をお金を出して観に行くような人はいませんよ。さらに今回の新型コロナウイルス騒ぎで、閉鎖する映画館も増えていて、市場としてのうま味は今後さらに減少してくことでしょう。

さらにいえば、知的財産権の問題。これに関してアメリカはかなりカリカリしています。朝、封切り一番で公開された映画が、夜には海賊版ＤＶＤになって出回るのが中国という国です。映画館での隠し撮りですから、最前列でスクリーンを横切る観客の頭まで映っています（笑）。

エミン　ウォルト・ディズニー・カンパニーが、『ムーラン』のリリース日を２０２０年7月24日に延期しましたが、そのほかのメジャーの映画会社は、全部、秋口以降にしていて、もう完全に中国を損切りしていくのだと思っています。ディズニーは中国べったりでしたから。上海ディズニーランドもあるし、香港ディズニーランドもあるし、いろいろと中国に配慮しています。

渡邉　『トップガン』（１９８４年）の続編の予告編では、前作ではあった主人公の革ジャケットの背中から日章旗と台湾の国旗のエンブレムが外されていて、ちょっとした騒ぎになりましたよね。製作会社のパラマウント社がテンセントという中国のインターネット配信会社と提携関係にあって、それによる配慮ではないかといわれています。

エミン　いらないところまで気を使い過ぎなんですよ。ですから、中国は、ゴリ押しすれば、ハリウッドも言うことをきかせることができる、我々の要求どおりの映画を創らせることができると錯覚、増長してきたんです。

しかし、これからはハリウッドの中国離れはスピードを上げて進んでいくとでしょう。

渡邉　ハリウッドの中国離れイコール中国プロパガンダが世界に効かなくなってことを意味しますからね。

バチカンの誤算

エミン　文化だけではなく宗教の世界にも中国は入り込んでいます。たとえば、バチカン。共産主義とは長年敵対関係にありましたが、現在のローマ教皇になってから、急に中国に

歩み寄りを見せました。司教任命権問題の暫定合意という形で〝和解〟してしまった。すべては中国本土での信徒確保を期待してのものです。これで、党のコントロールの効く御用教会が「正当」となり、党の弾圧下にあった地下教会はイリーガルな存在になってしまいました。バチカンの中国接近は台湾カトリックにも衝撃を走らせました。

渡邉　現在のローマ教皇のフランシスコさんは初めての南米出身の教皇で、しかもイエズス会出身なんですね。日本に最初にやってきた宣教師のザビエルがイエズス会の人で、そのためイエズス会という名前は教科書にも載っているほどに、日本人にはなじみのあるものです。しかしじつは同会はカトリックのなかでは異端とまでいかないけれど、本流から外れる存在に置かれていました。

フランシスコさんはそのイエズス会から誕生した最初の教皇ということで、かなりユニークな人です。しかも社会主義には許容的で中国寄りの発言も目立つ人なのですが、さすがに現在は立場も微妙なところにきているでしょう。もしかしたら、中国とのシェイクハンドは形式的なものに終わるかもしれません。

エミン　イタリアでは50人を超える高位聖職者が新型コロナウイルスで亡くなっています。彼らは感染者の臨終の儀式に立ち会って感染しています。しかも、教皇は新型コロナウイルス蔓延下でも、臨終に立ち会うことを激励していました。宗教者としては立派な態度なのかもしれませんが、感染予防の点ではNGですよね。

中国に政変はあるのか？

渡邉　中国の政治体制というのは、株式会社の制度に近いんですよね。北戴河（ほくたいが）会議というのが通常は7月に行われて、その会議というのがOB会とか昔の役員会みたいなもので、かつての社長たちが集まって、「次の経営どうするかね」みたいな話し合いをするわけです。北戴河というのは、河北省にある地域で、党幹部や要人の避暑地として知られています。夏だからそういうところでやる。

秋になれば、中全会、中国共産党中央委員会全体会議というのが開かれて、ここで政策が決まるんですよ。その後に企業の役員会に該当するものが開かれ。ここで、役員によってクーデターが起きれば習近平の芽がなくなるっていう構造なんですね。会社の社長クーデターと同じ構造ですね。ある日、社長が会社に行くと自分の椅子がなくなっていた、というあれです。いい例が1978年の第11期3中全会で毛沢東の後継と呼び声の高かった華国鋒（かこくほう）が失脚、鄧小平に実権を渡しています。

2020年5月22日にようやく開かれた全人代（全国人民代表大会）については、日本のマスコミはやたら全人代、全人代と書きますが、あれは企業でいえば、単なる株主総会なんですね。発表会なんですよ。こういう経営方針でいきます――といった感じの。それを、全国の地方議員までを含めた党員に対してお披露目をする会にすぎない。

ですから、もしクーデターがあるとすれば、10月あたりに行われる予定の中全会においてです。ただ、このままいけば、中全会自体が開けるかどうかもわかりませんが、開けたとして、その後、いろいろな委員会議があって、乗り切れるかどうか。

エミン　でも、私は結局習近平は安泰だと思うんですよ。まず習近平自身が中国の監視体制を、むしろ今回は成功したと思っていますからね。自信を深めてしまった。まだそのリパーカッション(反作用)が見えないわけですよね。欧米の報復がまだ具体的な形で始まっていないじゃないですか。

国民としても、欧米が大変なことになっているけど、うちはさっさと収束したと思っているでしょう、恐らく、ざまあみろ、ぐらいの気分かもしれない。中国の勝利だ程度には思っているかもしれない。欧米の報復が始まり、習近平が危機に陥っているというようなことが見えない限りは、習近平は倒されるかなと、今の段階では疑問なんですけどね。

渡邉　倒されない。倒すだけの反対勢力を、政敵を、習近平はこれまで徹底的に潰してきましたから。汚職追放、反腐敗運動という名目で追放された公務員は200万人にも及び、閣僚級だけで100人以上がパージ、起訴されていますからね。少しでも自分を脅かす可能性のある者は芽のうちから潰してきたわけです。

エミン　そのあたりの周到さというか、ある意味、徹底した人間不信というのは、やはり幼いころ、党エリートでありながら権力闘争に疎く、辛酸を舐めさせられてきた父親を見てきて彼自身が養ってきた処世術なんでしょうね。

渡邉　結局、大きなパワーを持つ後継者がいないと交代なんかできっこないわけですよ。日本も同じで、野党やマスコミが一生懸命、安倍降ろしを画策しても、安倍さんに代る人がいないのだから代りようがない。ベストとは言いませんが、ベターな政権として安倍政権を選んでいるわけで。現在は自民党内で政権をたらい回しにしてもどうにかやれていた時代とは違いますから。

エミン　安倍の次は安倍。今はその選択肢しか考えられないでしょう。

渡邉　イギリスでは、ブレグジットに至る過程でメイ首相が結果的にガタガタに壊れていきましたが、その代わりにボリス・ジョンソンという剛腕な指導者が出てきました。ボリス・ジョンソンだったからこそ、交代は上手くいったんです。

エミン　まったくそうだと思います。ジョンソンに関しては、排外主義者だとか同性愛差別者だとかイギリス国内でも批判があるようですが、こういう不安定な時勢においては、多少アクの強い行動力のあるリーダーが望まれます。ジョンソン首相は後世に評価される人ですね。

渡邉　ですから中国でも、代替えの人材が見えてこないなかにおいては、クーデター的な動きも起きづらいんですね。

先の韓国の総選挙でも、親北反米反日の文在寅（ムンジェイン）の政権基盤を強固なものにして終わっただけでした。あれだけ経済を失速させ、対米、対日関係を最悪の状態にまで落としたリーダーなのに、です。やはり彼に代る者がいないわけですから結果は見えていたのかもしれません。一部保守派が獄中の朴槿恵（パククネ）を担ぎ上げようともしているようですが、彼女になにができるのかって。こう見ると、あの国もつくづく人材がいません。

エミン　私は中国が大きく変わる、もしくは政権交代、というシナリオとしては、やはり彼らが、何かやらかして——ありていにいえば、台湾海峡とか、もしくは尖閣諸島かもしれませんし、もしくは南シナ海での軍事挑発ですが、そこで中国がコテンパンにやられて、国内の求心力がガタ落ちになって失脚というパターンくらいしか思い浮かびませんね。

渡邊　逆にいうとそれが世界にとってはベストなシナリオかもしれませんね。そのなかでもさらにベストなのが南シナ海。なぜかっていうと、あそこ、軍事基地しかないので、民間人の死者が出ません。被害といえば、サンゴ礁に被害が出るかもしれませんが、そもそもサンゴ礁の上に人工島を造ったのは中国ですから。

エミン　長い目で見るなら、サンゴのためにもなる。人工島をとっぱらえば。

渡邊　あそこがベストで、あそこで中国が負けると。負けることによって、戦後賠償という形で世界中に代償を払うことになる。戦後賠償という名で世界中に賠償を払わせて、中国がまた再び小さな国に戻ると。それが一番、世界のパワーバランスの調整としてはきれいな形だと思います。

エミン　どうせ、大きな戦争には発展しません。被害も限定的で終わるでしょう。1996年の第3次台湾海峡危機のように、アメリカが空母出して終わりということもありうる。これはこれで、習近平にすれば赤っ恥です。

国内問題でつまずいて、それを隠すために軍事アクションを起こし結果は大敗戦。これが致命傷となって中国共産党自体が崩壊するってシナリオは考えられないんですか。

渡邉　中国共産党自体が崩壊するというシナリオは、中国の政治構造とか国家構造上、多分ないでしょう。中国共産党のなかの勢力が入れ替わる、内部的政権交代は起きるでしょうけど、中国で民主主義国家が成立するとは思えません。

中国の政体は民主主義では成立しない理由

エミン　民主主義国家というと、もちろん欧米的なものを想像してしまいがちですが、そうではなくて、一応、名目上ロシアも民主主義国家に見えます。しかし、民主主義国家とはとてもいえない体制じゃないじゃないですか。選挙はありますが、欧米ほど自由ではないし。そういう中間型の未来って可能ではないですか。どう思いますか？

渡邉　そのベストな回答が、今の台湾の政体なんですよね。

エミン　ですよね。もしくはシンガポールもそうなんでしょう。

渡邉　ええ。シンガポールもそうです。ですから、要は、もともと独裁構造に近い政体を、そのまま軍事態勢に近い政体を持ちながら民主主義を導入しているということなんですが、それを現在の中国という国家規模においてできるかどうか。

エミン　台湾とシンガポールでは応用できましたが、中国にはそれが難しいのではないかというお話ですね。中国は、台湾やシンガポールほど面積も国土もコンパクトではないということで。

渡邉　よくいわれることではあるんですけど、民主主義の統治が及ぶ限界は3億人まであるって。アメリカも3億人を超えた瞬間に民族問題や宗教問題などが起きて収集がつかなくなりました。ヨーロッパもそうです。だから、中核国、3億人でやっているうちはよかったのですが、周辺国を入れると……。

エミン　ガタガタしてきましたね。

渡邉　ガタガタしてくる。インドネシアなんかあの小さな国土面積に2億5000万ぐらいの人が住んでいる。日本より人口が多いんです。ですから、数字的には限界に近いですよね。インドは民主主義だといっても、あそこは合衆国みたいなもので、それぞれに王様がいます。マハラジャですね。いろんな小王国が集まって14億人のインドを形成しているわけです。

エミン　中国の歴史のなかで、合衆国のようなモデルはありえないものでしょうか。三国志のように。

渡邉　内戦になっちゃいます（笑）。まあ、外に覇権を求めず、内側でいがみ合ってくれていたほうが周辺諸国にとっては安心なのかもしれませんが。その場合、中朝国境付近は不穏になるでしょうが。

エミン　やはり、民主主義的な集合体としての中国というのは成立しないのでしょうか。50いくつもの民族をひとつの体制下に置くには、共産主義なり毛沢東主義のような強烈なイデオロギーでまとめ上げるしかないというのもなんだか悲しいです。私はぜひ民主化してほしい。

渡邉　中国人の特徴として見るならば、国家に対する奉仕の心ってないでしょ。みんな個人主義的でしょ。国家というものを信用していないんです。

エミン　私、ネットで書いたんですけど、そうしたら賛否両論ありまして、なるほどという人もいれば、そんなことはないと怒りだす人もいました。なんて書いたかといえば――「じつは、アメリカ人っていうのは中国人が嫌いじゃないんだ、『中国』が嫌いなだけなんだ」

ということなんです。むしろ、中国人っていうのはアメリカ人に性格が近い。ともに個人主義者。だから話がしやすいしビジネスもすぐまとまる。一方で、「アメリカ人は日本は好きなんだけど、日本人はそんなに好きじゃないのではないか」とも書いたんです。要は、好きじゃないっていうのは嫌いって意味っていうよりも、やりとりするのが苦手という意味なんです。

日本人はいつもニコニコしていて、なかなか本心が読めないとか、あるいは「考えておきます」「社に持って帰って検討します」式の、イエス、ノーの見えない相手。最近はやりの言葉でいえば、忖度の文化ですね。相手との衝突を避けたがる日本人の、それはひとつの知恵、いい部分ではあるのですが、ビジネスの相手としては……。

渡邉　やりにくい。個人主義のアメリカ人からすれば、衝突もまた交渉のひとつなのですから。

エミン　ええ。私の言いたいのはそこです。ぶつかり合いながら妥協点を探すというか、有利な条件を引き出す。アメリカ人も中国人もそれがビジネスの手腕だと思っている。日本人はそれが苦手というかやりたがりません。日本人のその性格というのは、アメリカ人にとって、なんとももどかしいのではないかと思います。一方で、日本人の勤勉性、約束を守る、裏切らない、というよい性格も十分理解しているという前提でのことです。ですから日本は好きなんだけど、日本人というものはじつに扱いにくい、という思いがどこかにあるのではないかと感じました。

アメリカ人には、中国自体は嫌いですが、しかし中国人とは話がしやすいというのが本音にあるのではないかと感じています。

渡邉　同じ個人主義なんだけど、アメリカと中国の最大の違いは、アメリカは戦争によって国家がまとまっていて、そこにアイデンティティーがあるんですよね。自由を守る正義という名の。だから国家に対する忠誠心がある。中国にはそれがないですよね。中国の正義って何かって言えば、中華民族による支配っていう大中華思想になってしまいますから、そこにポリシーがないんですよね。

民族・言語・宗教

エミン　中国人とか中華民族という概念もじつは非常にあいまいなんですよね。それは漢

民族を意味するのか、あるいは北京語を話す人たちなのか。50の民族を集めて、それをひとくくりにして、それを中華民族と呼ぶのか。

渡邉　一口に中華民族といいますが、たとえば客家（はっか）という人たちは草原に住んでいる遊牧民と非常に文化形態が近いわけですよ。移動する人たちですからね。かと思えば、農耕民族的な色合いを持つ人たちもいる。本来、万里の長城以北に住んでいる人たちは漢民族から見れば夷狄（いてき）（中国人が古代に周辺の諸民族を卑しんで呼んだ名称・未開の民、野蛮な民族）です。こうして見ると、中国人とか中華民族という概念にはワンポリシー的なものがないんですよ。

エミン　あるアメリカ人の先生から聞いた話なんですが、その先生は北京語を話すんですよ。北京語を話したら、中国人からあんた中国のどこから来たんだと聞かれたそうです。中国語を話せば、中国人になる。どう見ても西欧人なのにね、その話はずいぶん昔のことですから、現在はどうか知りませんが。

渡邉　たとえば、トルコ人のアイデンティティーてなんだと思いますか。

エミン　トルコも一緒ですよ。トルコ語ですね。あとはやはり宗教でしょうか。イスラム教徒でトルコ語をしゃべっているという感覚。トルコ人はそこを見ている。民族意識としては。それ以外は、あまり細かいことにはこだわりません。

たとえばアゼルバイジャンとか中央アジアの諸国も、同じではないですが、似たような言葉をしゃべっているので、一応、同じ民族だっていう意識はありますね。

渡邉　トルコ語はブルガリアでも通じるようですし、トルコ系言語をしゃべる人は中東や中央アジアにけっこういるんでしょうね。

エミン　ウズベクとかキルギスとか、あと、トルクメニスタンとかウイグル系の人たちの言葉はひどく訛って聞こえますが、ちょっときつい方言といった感じで基本はトルコ語なんです。ゆっくりしゃべってもらえば、十分理解できます。ウイグル人ともダイレクトに意思の疎通ができるわけです。本当は向こうのほうが純粋のトルコ語で、トルコのトルコ語は変化していてむしろ訛っているというのが実際の姿だと思います。

渡邉　日本でいえば、お年寄りのしゃべる秋田弁や鹿児島弁のようなものですかね。風情があってよいですけど、なかなか聞き取れない。

エミン　そう考えると、ウイグルというのは中国にトルコ人が住んでいるみたいなものなんですよ。私たちから考えれば、我々の仲間を、同胞を、中国が迫害しているようなものですから、これはもう放置できない問題なのです。

かつてあの地域は、東トルキスタン共和国という独立国でした。戦前、日本軍の支援を受けて建国したんです。そこの最初の大統領のお孫さんが、じつはつい最近まで日本に在住していたという話はあまり知られていません。トルコ航空の日本支社の社長をやっていました。彼によれば、日本が戦争に負けたとたんに東トルキスタン共和国に中国軍がなだれのように攻め込んできたので、一家そろってトルコに亡命したそうです。

渡邉　日本人は、現在はどうかはわかりませんが、昔の人は、日本の血、つまり先祖代々日本人というところにアイデンティティーがありました。島国だから外から入ってくる人も少ない。だからほとんどの日本人が、先祖代々日本人です。やはりそういった日本人の持っている本質的な感覚と、大陸における国家という概念というものとは明らかに違うと痛感せざるをえないことが多々ありますね。国境線というものの存在の有無は大きい。

日本って四方が海ですからね。完全な自然国境があるから、不変のものなんですよ。

エミン　日本はそうですよね。

渡邉　大陸においてはそれはないので、感覚が違います。特に中東あたりに行くと、キャラバン隊の時代から自分たちの民族が支配している地域が国だ、という感覚があります。

エミン　私の家系もそうですよ。２００年ぐらい前までさかのぼると、エジプトから来てトルコに定住したらしい。それはエジプトにいたトルコ人なのか、アラブ人なのか、わかりませんが。

渡邉　だから、中東情勢に関して、国の名前で物事を考えようとすると、ＩＳが、国がって、支配地域がって言葉がニュースのなかで流れるわけですが、あれは日本人の感覚だと、ほとんどの人は理解できてないと思いますね。

エミン　できてないでしょうね。

渡邉　言葉としてはわかりますが。それこそ『アラジンと魔法のランプ』の世界で、それぞれの部族がいて、それぞれの部族が自らのテリトリーとして軍事的支配下に置いているエリア、そこが「国」なんですよね。国軍っていうのは当然ありますが、国軍がイコールその国の支配者とは限らないっていう。

エミン　そうですね。支配地＝領土というのは変わるものです。そのあたりは日本人には感覚的によくわからないかもしれません。戦国時代のように小さく国が分かれてケンカしていた時代はあったとしても、それは日本人同士の単なる陣地獲りなわけで、別に異民族や異教徒が襲ってくるわけじゃありません。

渡邉　日本は島国で、ほぼ単一民族で、同一政体。宗教といっても、自然崇拝と先祖崇拝が中心で、一神教のような厳格な教義はありませんしね。
日本人ほど宗教に寛容な民族はありません。だって、ハロウィンをお祝いして、クリスマスをお祝いして、12月31日になったらお寺行って仏教の寺の鐘ついて、元旦になったら初詣に神社へ行って……。

エミン 日本人はお祭り好きですからね。ハロウィンだろうがクリスマスだろうが、全部受け入れて自分たちなりにアレンジしてしまう。節操がないといえば節操がないといわれるかもしれませんが、こういう文化の民族性では宗教同士の衝突は起きにくい。

渡邉 古くは、仏教を受け入れるかどうかで蘇我氏と物部氏の争いがありましたけど、あれはどちらかというと政治的な主導権の争いでもあったわけで。その後、神仏習合という都合のいい解釈が生まれて……。おっしゃるとおり宗教対立というのは起きにくいのです。

エミン そこは日本人のいいところだと思いますよ。他宗教に対する憎悪がない。かといってアンチ宗教や無神論者でもないわけですね、そこが共産主義者とは違う。日本人は本当に日本人アイデンティティーのなかで生きている。それは非常に平和主義っていうか、自然との調和を大事にしている文化ですが。

渡邉 だから、政教分離なんていう考え方、概念がある国って、日本ぐらいなんですよ。

たとえば、ドイツキリスト教民主同盟（ＣＤＵ）とか、基本的に政党と宗教団体がくっついていますからね。共和党だって、ペンスなんていう人は福音派をベースにのし上がってきた人ですから。

エミン　エヴァンジェリカルですね。

渡邉　福音派なんていうのは、キリスト教といっても、どちらかというと原始キリスト教に近くて、ユダヤ教に非常に近い。エルサレムの地に再びユダヤ人国家ができたとき、キリストが復活するっていうのが福音派ですから。

エミン　アメリカの保守本流をなすのが福音派。ここはかなりの票田ですから、当然政治力を持ちます。おっしゃるとおり、厳密な意味で政教分離などありえませんよ。

　私は日本人の緩やかな宗教観はもう少し評価されてもいいと思いますし、評価されるだろうと思っているんです。日本人の自然信仰て、環境にはやさしいですから。

渡邉　確かに。日本の自然信仰は、ゾロアスター教なんかに近いかもしれませんね。

エミン　そうかもしれませんね。中国も本来は仏教国家であったはずなんですけどね。共産主義という宗教否定の疑似宗教で国を治めてしまったために、人間不信と利己主義がはびこり、モラルハザードを起こしてしまった。中国に真の意味で宗教的道徳が存在したのは、隋・唐の時代まででしょう。

渡邉　共産党が宗教というのはまったく同意ですね。共産党員というエリート教徒だけがメリットを得られる開発独裁型国家ですからね。

エミン　国民はほぼ奴隷みたいなものですから。それ自体が非常によろしくないし、しかも、かつ、そこにおける残存者争いっていうか、モラルもルールもないサバイバルセンスを生きているのが現代中国人ですから。もし、ルールというものがあるとすれば、共産党に対する忠誠心だけですね。あとはもう何やってもいいという世界。仏教的な言葉でいえば、餓鬼や修羅ですね。

渡邉　共産党への忠誠心っていうか、共産党を利用するための忠誠心かもしれません(笑)。

第四章　アフターコロナで登場する新しい世界地図

中国が米国債を売っても困らない

渡邉　よく、中国が持っているアメリカ国債のことを心配している人がいます。中国が売り払ってしまったら、アメリカが困る。だから、アメリカは最終的に中国に妥協的な態度をとらざるを得ないということですが、そんなことはありません。

ＩＥＥＰＡ（国際緊急経済権限法）というのがあって、アメリカの国防安全上の重大な危機であると大統領が宣言した瞬間に、中国の手元にある米国債をチャラにできるわけです。米国債――財務省債券は登録制で、コンピューター・データ上にあるだけですから、それこそボタン一発です。

エミン　第２次世界大戦のとき、日本もやっていますからね。わざとデフォルトしてるんです。まあ、でもこれは最後の手段。

渡邉　アメリカのすごいところは、デフォルトにもならないというところですよ。アメリカの国内法に基づいて発行されている国債なので。

エミン　いずれにしても、そんなにみんなが騒ぐほどのものじゃないわけです。アメリカの債務のなかで中国のポジションって、じつはせいぜい5パーセントあるかないかでしょう。中国はそんなにみなさんが思っているほど米国債を持ってないんですよ。それを全部売り払ったところで、アメリカは蚊に刺されたほどの痛みも感じませんから。逆になんなら、中国は売ってしまえばいいんですよ。むしろ、アメリカが宣言している中国の海外資産凍結のほうがえげつない（笑）。中国は現在、戦々恐々としているのではないですか。

渡邉　外貨準備で見たときに日本と中国では、日本のほうが多いですからね。

エミン　現在日本のほうが、多くなりましたね。

渡邉　日本は1・2兆ドルありますから。たとえば、中国の持っている米国債の額は1・1兆ドルぐらい。これ、国有銀行保有分が含まれていて、国家の保有分じゃないんですよ。なぜかというと、中国の場合、中国企業が外国で儲けたものは、いったん国有銀行に入って、中国企業は国内では人民元でしか下ろせないわけです。日本の場合は外貨準備って98パーセントぐらい国および日銀保有なので、通貨防衛に全額使えるわけです。

ですから中国の国債って、持っているのは銀行でも、実際は企業が稼いだモノだったりする。さらにいうと、銀行間の短期のドル建て債務だけで1・4兆ドルぐらいあるんで、事実上、ショートしているんですよね。

エミン　まったくおっしゃるとおりだと思います。

渡邉　米国債だけでいえば、の話です。実際は米国債以外の資産もあって、これが何かは発表されていませんが、ここの部分でとりあえず、キャパはあるだろうとはいわれているわけですが。

エミン　アメリカの経済規模をみんな勘違いしているんですね。中国が2位になったとはいえ、アメリカはあいかわらずの世界1位の経済大国だし、1位と2位の差は歴然としていますからね。今回の新型コロナウイルスショックだって、アメリカはポンと経済対策に6兆ドル出しているくらいですし。アメリカは『ドラえもん』のジャイアンですからね。ジャイアンにケンカを売っても勝ち目はない。

渡邉　中国が持っている米国債がせいぜいのところ1・2兆ドル。アメリカは国債などを担保に金融機関が資金をやりとりする「レポ取引」で1日1兆ドルを短期金融市場に資金供給できる国ですから。それを考えたら、中国の持ってる1・2兆ドルなんて、どうってことないって話。いざとなれば、レポで2兆ドル出して、中国が持っている1・2兆ドルのものを買い戻ししてしまえばいいわけです。

エミン　すぐ買い戻せますよね。中国が放出すればすぐ買い戻しますよ。アメリカでなくても、別の国が喜んで買います。日本も買うし、ドイツも買うし、他の国は、みんな買いますよ。アメリカの国債って、今みんなほしいわけだから。

　私は中国がアメリカに短期的にダメージを与えようと仕掛けるとしたら、サプライチェーンだけだと思いますね。たとえばレアアースとか。これに関しては現在、中国は、90パーセントから95パーセントを握っているわけですから。レアアースはまだアメリカが対処してない。いまのところ解決策がない状況ですから。しかしこれに関しても、代替品も含めて、日本とアメリカが連携でやればなんとかなると思いますし、大きな心配はしていません。

　それからあとは、医療機器とかの原材料。それも、もう期間限定ですよね。あと2、3年すれば、アメリカ国内でこれもすぐつくれますので。

渡邉　マスクの原料だけでいえば国産化は多分、1年はかかりません。6カ月ぐらいでしょう。レアアースに関してもそうですね。なぜ世界が中国産のレアアースに頼ってきたかというと、別に中国でしかレアアースが採れないからではなく、中国から買うのが一番安かっただけです。カナダでも採れるし、オーストラリアでも採れます。

エミン　そうなんですよね。アメリカでも採れるんですよ。事実、アメリカにもレアアース生産会社の「モリコープ」がありました。世界有数のレアアース生産会社だったのですが、中国との価格競争に勝てずに倒産しました。その手の会社をまた、つくればいいんですよ。レアアースが中国から入ってこなくなれば採算ベースに乗せることは十分に可能でしょう。

中国では豚コレラも蔓延

渡邉　今のお話で思い出したのですが、中国を本当に干上がらせようとすれば、食料ですよ。食料はアメリカに握られちゃっていますものね。どう考えても、あの国では14億人の生命を維持するカロリーを確保できない。大豆の自給率が16パーセントですからね。

エミン　中国で、穀物の先物とかめちゃめちゃ上がっていますけど、そういう懸念があるんでしょうね。

渡邉　ええ当然そうでしょうね。新型コロナウイルスで、もう、ヨーロッパのサプライが止まっていますから、チーズとかバターといった乳製品も入ってこない。中国国内にも牧場とかはあるでしょうが、新型コロナウイルスで中国国内も、本来、出荷しなきゃいけないときに出荷できてない状態です。牛も豚も動かせない。食肉用の家畜というのは、大きくなり過ぎちゃったら商品になりませんし、生産までの時間差を考えれば、確実に空白が生じます。

エミン　もともと、豚コレラだ、鳥インフルエンザだ、で、中国の畜産は壊滅的なダメージを受けていたうえにです。

渡邉　中国人は豚肉が大好きですね。私たちが子供のころ、マンガでよく見た豚の丸焼きって、中国の皇帝料理なんです。しかも、丸まる一頭焼きながら、食べるのは皮だけだったりするわけ。じつにぜいたくな食べ物。その中国国内の豚肉消費量は年間約５５３０万トンといわれています。ほぼ１００パーセント、国内生産です。しかし、２０１９年にはアフリカ豚コレラのせいで国内の豚の３分の１に及ぶ膨大な数を殺処分しているはず。一気に生産量が3分の1以下に減りました。当然ながら、供給が大幅に足りなくなっています。ですから、米中貿易交渉の第1弾で食肉の輸入を始めたんですね。自国の食料が用意できなくなりました。春節（旧正月）前後の40日間で延べ30億人近くの人間が国内移動するんですが、春節のおみやげの定番がハムや腸詰なんですね。その中に豚コレラに感染した豚の肉が入っていたりするんです。コレラ感染で殺処分された豚を安く買い取って、こっそり餃子や肉まんに加工して売る連中があとを絶たないらしいです。まあ、あの国ですから、それくらいはやるだろうと別段驚かなくなってしまいましたが（笑）。

エミン　人口が世界一でハイジーン（衛生）に気をつけないから中国では疫病が頻繁に発生します。新型コロナウイルス収束もままならぬところにもってきて、今度は雲南省で漢担（はんた）ウイルス感染が発生しましたね。発症からわずか3時間で死亡が確認されています。致死率は新型コロナウイルスの比どころではありません。それから、アフリカで発生したバッタの大群が中国大陸に飛来して作物を食い荒らすことが懸念されますね。その数、4000億匹。蝗害（こうがい）もまた、中国の歴史の中ではたびたび起こっています。

渡邉　幸いというか、バッタは北京やその近郊、中央部までは行かないようです。ただ、ウイグルあたりには被害が出るかもしれない。

エミン　なにか禍々（まがまが）しいものが一気に振りかかってきている感じですね。中国政府は今まで悪いことやり過ぎたんです。だから、エジプトにもたらした「十の災い」みたいなモノが、現在、いっぱい来ているんだ。そんなふうに思えてなりません。呪いという言葉はあまり使いたくはないですが。

渡邉　自国人を殺した数では、ヒトラーもスターリンも毛沢東の足元にも及ばないでしょう。中華人民共和国という国は、何億という人民の死体の上に築かれた王国といえます。死屍累々の歴史ですね。

エミン　『三国志』を読んでみても、すぐに一族郎党みな殺しですからね。

渡邉　鳥インフルエンザに話を戻しますが、今冬、豚型が出ましたね。鳥、豚、ヒトの間で感染していく。いよいよ中国の食がヤバくなりました。

エミン　豚コレラの場合、豚は野生のものでもそう長距離を移動しませんが、鳥は自由に飛んでいきますから。こればかりは防ぎようがありません。鳥から豚に感染し、さらに人間に感染していく。養鶏場のニワトリを全部処分したとしてもそれで済む話ではなくなってきます。ただ、鳥インフルエンザの場合、潜伏期間が短いというのがひとつの特徴ですね。劇症化もしますので、対応しやすいんですよ。

それに対して新型コロナウイルスのタチの悪いところは、潜伏期間が14日から21日間あって、しかも無自覚感染者が多く、劇症化しないケースがたくさんあるわけです。キャリアが知らない間に他人に感染させてしまう可能性が高い。

渡邉　そう。潜伏者を見つけるのが難しい。今回の特措法（改正新型インフルエンザ等特措法）は、鳥インフルエンザの特措法を急きょ変更したものですが、もとの特措法自体、民主党時代にできた法律であんまり良くない。じつをいうと検疫法っていう法律がすでにあって、これができたのが昭和26年ですから、戦後すぐの法律なんですね。だからものすごい強権力がある。第1類、第2類、第3種、第4類というように、ウイルスの危険性に応じて類別が分かれているんです。1類がエボラとか鳥インフルエンザ等の致死率70パーセント、80パーセントの感染症。2類というのは未知のウイルスを指します。

今回の新型コロナウイルスはこの第2類にあてはまるわけですね。第1類に指定しちゃえば、完全にロックダウンして国民を閉じ込めておくことが可能になるのですが、そこまでする必要はないでしょう。この法律を使ってもよかった。新型コロナウイルスは致死率は高くはありませんが、死ぬ人は死んでしまうという、本当にやっかいな感染症です。

頭のいいウイルス・悪いウイルス

エミン　「頭のいいウイルス」「頭の悪いウイルス」という言い方があります。ウイルスというのは、単独では自分を複製できませんが、宿主の細胞のなかでは複製ができます。つまり、我々の言葉でいえば、「生きる」ことができるわけです。ホスト（宿主）あってのウイルスなんですね。だから、「頭のいいウイルス」というのは、なるべくホストを殺さないで――致死率を上げないで、しかも潜伏期間を長くして、とにかく自分の複製をばらまこうとする。逆に「頭の悪いウイルス」というのはすぐにホストを殺してしまう。つまり潜伏期間が短くて致死率の高いウイルスのことです。

渡邉　ばらまいてもらわなくては変異もできませんからね。ウイルスが生物か非生物かどうかというのは非常に境界的なのですが、生物にたとえるなら、「自分の子孫をより多く残し、なおかつそれぞれの環境に打ち勝つために進化（変異）する」ということですね。

エミン　そうです。ホストを生かし、自分も存在するものが一番頭がいいんですよ。その観点でいうと、じつは一番頭のいいウイルスって、口内ヘルペスなんですね。

渡邉　体内に残りますからね。

エミン　ええ。体内に永遠に残るじゃないですか。たまに口のまわりや内部にブツブツとなって出てきます。しかし、それだけではホストは死なないわけですよ。

逆にエボラ・ウイルスなんかは、頭が悪いわけです。ホストをすぐ殺してしまいますから。その意味でいえば、新型コロナウイルスというのもウイルスとしては、賢い部類に入るわけです。

渡邉　日本はわりと初期の段階で感染第1号があって、政府の対応が後手後手だとさんざん言われながらも、アメリカや欧州のような都市機能をマヒさせるほどのパンデミックは起きず、死者数もかなり抑えられています。これは奇跡的なことかもしれませんね。

エミン　あまりにも少ないんで、ヒマなワイドショーとかは、政府が死者数を隠ぺいしているとか、普通の肺炎による死亡として処理しているとか、無責任な噂の類を垂れ流していましたけど、これは犯罪的ですね。

渡邉　死者数なんてごまかしたってすぐわかるし、ごまかす必要も理由もありません。日本の医療機関の出す死亡診断書はおそらく世界一のレベルで厳格です。法医学的に「変死」というのはないんですね。それこそDNAレベルで徹底的に調べますから。まあ、白骨で見つかってどうしても死因が特定できないものがあったとしても、それは0コンマ・レベルの超例外的なケースですし（5月14日付のブルーバーグの記事は、「東京都では、1～3月の死亡数は3万3106人と過去4年の同じ時期の平均を0・4％下回り、新型コロナウイルス感染症が拡大していても全体の死亡数は急増していない」と報じている）。

エミン　テレビを見ていると、キャスターなんか、まるで政府に何か落ち度がないと困るかのようですね。防疫や医療の専門家でもない人がコメンテーターとして意見を言っていますし。どうして素直に、不幸中の幸いと喜んだり、不眠不休でがんばっている医療従事者の労をねぎらえないのか。「国はあれもしてくれない、これもしてくれない」という不平ばっかりで、正直気が滅入ってしまいます。逆にいえば、日本人は国家というものを信用し、すごく期待をしているということかもしれませんね。中国人やトルコ人とは正反対に（笑）。

ニューヨークでは、午後7時にみんながベランダに出て一斉に拍手したり口笛を吹いたり、ビンやコップを叩いたりして、医療従事者への感謝と応援の気持ちを表すそうです。それをやれというわけではありませんけどね。

日本が新型コロナウイルスから世界を救う

渡邉　なぜ日本に死亡者や重症者が少ないのか、いろいろな説があって、じつは世界が注目しているんです。そのひとつが、もしかしたら、日本人の大多数にはすでに集団免疫ができあがっているのではないかという説がありましてね。それから、トルコも比較的被害は少なくてすんだのだけれど、トルコ人も日本人同様に免疫をもっているのではという説です。

それは何かというとＢＣＧ注射。日本型のＢＣＧ接種国では確かに致死率が低いんです。

エミン　オーストラリアでは看護師とか医者などの医療従事者に全員、ＢＣＧ注射を事前に打たせているそうですね。ドイツも同様の試みを始めています。

渡邉　日本やロシア型の古い株のＢＣＧを打っている人は黄熱病とか、いろいろな病気に対して感染率が低くなるんですね。もともと結核予防のワクチンだから肺自体が強くなるんですよ。抗体反応が訓練されるので、そのことによって類似のウイルスに対して同じような抗体反応を示すのではといっている専門家もいます。ハンセン病など他の抗酸菌感染症に対する予防効果も認められていますし、なんらかの作用で免疫細胞の腫瘍に対する免疫作用を高める効果があるとも考えられており、すでに膀胱ガンの標準治療として投与が行われています。それと、抗寄生虫薬のストロメクトール、これは一般名の「イベルメク

治療薬の候補となる主な薬剤

国内製薬会社

アビガン
ファビピラビル

製造販売業者
富士フイルム
富山化学株式会社

●新型又は再興型インフルエンザの適応を持つRNA ポリメラーゼ阻害薬
●国が備蓄を行っているが、催奇形性を有するため製造販売は行われていない
●非臨床試験・臨床試験ともに明確なエビデンスはないものの中国で患者に投与され、効果があったとの一部報告がある
●3月31日に企業治験が開始された

オルベスコ
シクレソニド

製造販売業者
帝人ファーマ株式会社

●気管支喘息の薬として国内で承認を取得している吸入ステロイド製剤
●国立感染研が実施した非臨床試験において新型コロナウイルスに対する抗ウイルス活性が確認されている
●神奈川県立足柄上病院が、新型コロナウイルス感染症患者3名に投与したところ症状が改善した症例（3例）を公表（3月2日）

フサン
ナファモスタット

製造販売業者
日医工株式会社

●急性膵炎の薬として国内で承認を取得しているプロテアーゼ阻害薬
●東京大学の研究班が、新型コロナウイルスの感染の最初の段階である、ウイルス外膜と感染する細胞の細胞膜との融合を阻止することで、ウイルスの侵入過程を効率的に阻止する可能性がある薬剤として認めた

外資系製薬会社

ベクルリー
特例承認済

レムデシビル

製造販売業者
ギリアド・サイエンシズ
本社・米国

●国内外で未承認の新規ヌクレオチドアナログのプロドラッグであり、エボラ出血熱の治療薬として開発された
● MERS や SARS に対して in vitro での抗ウイルス活性を認めている
● NEJM において、重症中心の53例（日本からの9例を含む）に対する投与により、36例（68%）で臨床的な改善がされた旨が報告
●4月14日に企業治験が開始された
●国内初の治療薬として、5月7日付けで特例承認

カレトラ
ロピナビル／リトナビル

製造販売業者
アッヴィ合同会社
本社・米国

● 2000 年から国内及び海外で使用され始め SARS 対策でも臨床使用された
● HIV プロテアーゼの活性を阻害し、感染性を持つHIV の産生を抑制する
●コンピューター上の構造解析により新型コロナウイルスのプロテアーゼとカレトラの有効成分との結合が示唆されている。 ※ bioRxiv（Feb.3 2020）
● NEJM（国際的な医学雑誌）において、本剤の投与群の死亡率はプラセボ群と有意差なしと報告

政府内資料より。国内外で臨床試験や研究が行われている
新型コロナウイルスの抗ウイルス薬の候補薬の多くは日本製

チン」で有名ですが、新型コロナウイルスを抑える効果があるのではないかと期待が寄せられています。

エミン　北里大学の大村智先生の開発した薬ですね。大村先生は２０１５年にノーベル生理学・医学賞を受賞されています。日本の誇りですね。イベルメクチンは試験管内の検査では、効果があることが証明されています。

渡邉　アフリカも国によって発症率が違うのは、線虫がよく出る地域は虫下しとしてイベルメクチンを子供に飲ませているからだ、と言われていますね。

エミン　トランプ大統領が期待を寄せている抗マラリア薬のヒドロキシクロロキンもそうですね。あの手の薬ってアフリカで大量に使われていますから。

それから、北朝鮮に新型コロナウイルス感染者が少ないのも、あの国が日本と同じBCG株を使っているからだという話もあります。ただ、北朝鮮のいう数字はあてにならないというのがつらいところですが。

渡邉　ヒドロキシクロロキンに関しては臨床例がもうすでに日本で出ていて、副作用も懸念されていますが、一応効果もあるようですね。

エミン　私がもう鳥肌が立ったのは北里柴三郎先生の存在です。ＢＣＧワクチンの株を日本にもたらしたのは北里先生に師事をした志賀潔先生ですし、イベルメクチンの開発者は北里大学の大村先生です。

私の専門は経済・金融ですから、渋沢栄一さんについてもよく研究していているんです。「令和の時代に日経平均は30万円になる」と私が言うのは、別にウケ狙いやジョークではなくて、明治からの日本の金融の歴史を多角的に分析して得た予想です。

日本の資本主義の父ともいえる渋沢先生が今度の一万円札の肖像になるわけでしょ。千円札が北里先生でしょ。真ん中の五千円札は津田梅子さんでしょ。だから、もう日本の21世紀のテーマが決まっているじゃないですか。経済と、女性の活躍と、安心、安全、健康という。

渡邉　特に新型コロナウイルス禍のなか、保健衛生の分野では、日本は世界の注目を浴び始めていますね。日本のマスコミ、とりわけテレビメディアはそれを求めようとしませんが。

エミン　新型コロナウイルス肺炎の救世主といわれるアビガンもようやく日本での薬事承認のメドが立ちました。それに先立ち、世界中にアビガンを無償提供し、臨床データを共有したということは非常に素晴らしいことです。テレビでもっと取り上げるべきです。

今回、思ったのは、アビガンといい、この大村先生のイベルメクチンといい、志賀先生がパスツール研究所から持ってきたＢＣＧといい、もうね、めちゃめちゃ日本が目立ってきているんですよ。

渡邉　あ、そうそう、オルベスコ（一般名シクレソニド）っていうぜんそくの薬、あれも重症化したときの肺炎の症状を抑える効果があるそうです。このシクレソニドを開発したのが、やはり日本の帝人ファーマ。これは治療薬というよりも症状を和らげる薬。消炎薬としては、非常に効果があるんです。炎症を抑えるという意味の、抗ウイルスじゃなくて出た症状を緩和する薬っていう意味です。それから、膵炎の治療薬も効果があるというので、にわかに注目を浴びているのが、フサン（一般名ナファモスタット）。これも日本で開発された薬です。さらに中外製薬が開発した「アクテムラ」（一般名トシリズマブ）も注目されています。アビガンがウイルスの増殖を抑える「抗ウイルス剤」であるのに対し、これは免疫の暴走を抑える仕組みを持つ医薬品です。国内では２００５年から販売を開始しており、これまでに関節リウマチなど八つの疾病に対する承認を取得済みで、１１０カ国以上で広く使われています。重症のコロナ肺炎への適用について親会社ロシュが米国などでの臨床試験を開始、中外製薬も国内での臨床試験の準備を整え、年内の承認を目指すとしています。ですから、いろんな薬を、ケース・バイ・ケースで使いわければいいんですよ。併用するとか。

エミン　ええ。安倍首相も「それぞれの薬の長所が異なることから、これらをうまく組み合わせることで、さらなる治療効果も期待できる」と早期承認への意欲を示しています。

渡邉　じつは私、ＢＣＧの集団免疫の話を最初に聞いたときに、エミンさんの言葉を思い出したんですよ。これから、もしかしたら日本が世界を救うのではないかというね。

エミンさんは、著書のなかで「日本は『失われた30年』という雌伏の時代を体験してきましたが、それは種まきの時代だった」と書かれていましたね。日本人というのは、上り調子でないときにむしろコツコツと研究努力して、それがいずれ結果を生むんだなあと改めて思いました。

エミン　ありがとうございます。私もまったくそう思うんですよ。日本人は目立たない、地味な努力ができるというか、努力が好きな民族だと思います。果実だって、種をまかないと実りませんから。しかも、日本人はできた果実を自分たちだけで食べるのではなく、みんなに分け与えるんですね。

渡邉　今回の新型コロナウイルスで注目されたのは、特効薬といわれる薬が、ヒドロキシクロロキンやレムデシビルは違いますが、過半数が日本でつくられた創薬なんですよね。そのほかでは基本的に日本の薬の後発薬が出てるぐらい、けっこう、古いね、枯れた薬にここへきて光が当たっているんです。これはちょっと驚きですね。

製薬はできても、世界で薬をつくることができる、創薬ができる国って10カ国もないんです。製薬っていうのは成分があればつくることできるわけです。後発薬もつくることができますが、創薬っていうのは薬を生み出すっていう、ものすごいリスクと手間と時間がかかる作業なんです。イメージとしては、顕微鏡をのぞいて何十年とか、試験管振って何十年とか、とてつもなく地味な作業の繰り返し。失敗のなかに新しい発見があるという分野です。だから、医学者とか科学者とかいいますが、そこにはひどく職人気質的なものが必要なんですね。

エミン　単純に医療だけじゃなくて、化学に強くないとできないですよね。日本は理系の学生が少なくなってきているという話ですが、まだまだ捨てたものではないと思いますよ。日本が新型コロナウイルスに打ち勝ったあと、理系を目指す若い人が増えるかもしれません。惜しむらくは、国が理系の研究にお金を出さないことでしょうか。わけのわからないデモばっかりやっている文系の教授にお金を出すくらいなら、もっと理系に投資するべきです。

渡邉　幸いというか、薬学の分野では今後とも日本は世界のトップを行くと思いますよ。

エミン　私、昨年（2019年）12月に大阪の道修町に行ってきたんですよ。少彦神社でお守りをもらってきました。少彦さんは薬の神様です。同じ神社には道教の薬の神様である神農さんも祀ってあります。

道修町は江戸時代に薬の問屋が集まっていたところです。神農さんというのは、『男はつらいよ』の寅さんに代表されるテキ屋さんの神様でもあるんですね。どうしてテキ屋かっていうと、昔テキ屋さんの主な売り物は薬だったんです。全国を渡り歩いてお祭りなんかで、口上を交えながら薬を売るのがテキ屋。今でも一家をなしたテキ屋の親分のことを神農さんと呼ぶらしいです。

渡邉　ああ、ガマの油売りとかですね。

エミン　田辺三菱製薬の田辺屋五兵衛さんとか、〝ボンド〟で有名ですが、もともとは製薬の製造販売を行っていたコニシの小西（儀助）さんとか、みな道修町にルーツがあって、今でも多くの製薬会社の本社がある土地です。そこに行ったときも思ったんですよ。こういった薬をつくることができるのは日本人ぐらいの細かい性質っていうか、慎重な職人技が必要なんだと。

渡邉 しつこく、駄目でも諦めず、続けるっていう。

エミン つまらないと思わないでこつこつやるっていうのもありますし、細かく小ぎれいに仕上げるといいますかね。料理でいえば、フランスのコース料理や大皿で出てくる中華料理ではなくて、日本式の細かく体裁よく、お重に詰めて出す料理の感覚。日本人のそういった気質がようやく世界に認められ、世界を救うときが来たかもしれない。そう思うとすごくうれしい。

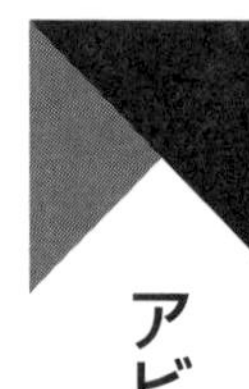

アビガンと富士フイルムの関係とは

渡邉 アビガンの富山化学という会社は、もともと県と大学が一緒になってつくったような開発会社だったんですよ。ここは、リウマチの治療薬とか、新薬を、三つ、四つと同時に開発していていたんです。抗インフルエンザ薬のアビガンもそのひとつだったのですが、研究開発だけで莫大なお金がかかりますから、結局はお金がなくなっちゃった。お金がな

くなって身動きとれなくなったんです。そのときに、会社を富士フイルムに買ってもらった。富士フイルムにしてもデジタル時代、光学フィルムの需要が減少していくことを見越して新しい事業展開を模索していましたから。その意味ではウィン・ウィンといえますね。

ただ、さきほどお話をしましたように、薬の開発にはものすごい時間とお金がかかるわけですよ。富士フイルムも、投資をすぐに回収しようというつもりだったら、そんな事業には手を出さなかったでしょう。

エミン　ええ。富山化学も富士フイルムも企業の態度としてはじつに立派ですね。そのまいた種が今、大きな果実となって世界に貢献しようとしている。

渡邉　もちろん、富山化学の潜在能力を見越しての、買収ではあったでしょう。ちょうど、強毒性の鳥インフルエンザの第1波が起きたときで、開発途上のアビガンが専門家筋の注目を浴びていたんですよ。むろん、富山化学という会社にも、です。ところが、資金的にかなり苦しい状況に追い込まれていて、そこに救いの手を伸ばしたのが富士フイルムだったということになります。

エミン　そうなんですね。会社の買収とか合併はいくつも見てきましたが、この買収はある意味で理想的な形です。

富山化学については、じつは私、野村證券時代にその案件に絡んでいるんですよ。富士フイルムが富山化学を買収したときに、それを野村證券がやったわけです。私の課の担当だったので、私が、その作業やりました。よく覚えていますよ、2008年のことでしたね。

渡邉　これまで富山化学の薬の原料をつくっていたのが日本デンカという会社でした。ここがいろいろな薬の原薬をつくっていたわけです。そういった日本の薬の原薬をつくっている会社は過去いくつもあったのですけれども、これが結局、コストの問題で、全部、中国に売り負けしていたわけですよ。

今回、アビガンの問題で原薬を中国から買わないとなると、日本国内にあるのは在庫だけで、新規につくることはできません。ですから5月までに工場とラインを復活させることにしたんです。やはり薬なんていうのはワンストップでつくることができないといけません。原薬も海外から買ってはいけないということがはっきりしてきました。これはアメリカも同様で、今回、ヒドロキシクロロキンも中国の原薬を使ってインドでつくっていましたから、インドが輸出を止めるとアメリカが買えなくなるということで揉めました。こういうことが少しずつ見えてきたので、自国でワンストップでつくるか、安心して買える国同士で手を組むしかないという結論に落ち着きました。

エミン　最終的には、そのウイルスそのものをやっつけるような薬は、まだまだ時間かかるんですよね。だから厳密にいえば、現在は長い長い、時間稼ぎをしている状況。それから間接的には、我々自身が免疫力を高めたりして、ウイルスに対抗する仕組みをつくっていかなければいけません。

渡邉　20パーセント以上いけば集団免疫がある程度できてくるといわれています。そうなれば大規模な感染ショックは起きませんし、アビガンの効果が実際に確認されていますから、発症後6日以内に投与すれば91パーセントぐらいの確率で、抑え込むことができます。

　現在、提出されている臨床例だけ見ても、39度ぐらいの高熱を発している人にアビガンを投与して、翌日38度まで落ちて、翌々日37度まで落ちていますから、これはもう劇的な反応を示していますね。

エミン　日本は要請のあった国に臨床用のアビガンを提供しましたが、今後も無料提供の枠を広げるべきです。もちろん、お金払って買いたいという国には売ればいいですが、お金のない途上国なんかには無料（ただ）であげる。それはめぐりめぐって日本のためにもなることなのです。

渡邉　まったく。これはもう、戦略物資と考えたほうがいいですね。中国は現在、自国製ジェネリック・アビガンを世界にセールスしようと考えていますから。商売だけならまだしも、それで世界に救世主ヅラするつもりですから。まさにマッチ・ポンプです。途上国が今度は中国製の薬でがんじがらめにされる。日本は先手に回らないと。

エミン　本物の薬ならまだしも、中国ならアビガンのニセ物なんか普通に出回りそうですよ。それが海外に流れ、もし事故でも起こったら、中国は絶対、日本に責任をおっかぶせてきますよ。

渡邉　とにかく、現在アビガンは、宇部興産、デンカ、カネカなどの企業が協力してオールジャパンで量産体制に入りましたからね。現在、日本国内でのアビガンの備蓄は200万人分といわれています。これだけあれば、いざ感染爆発が起きてもとりあえずは対処できるだろうと思われるかもしれませんが、これはあくまで、通常のインフルエンザ換算での話です。今回の新型コロナウイルスの場合、インフルエンザの2・5倍服用しないといけないんですよ。インフルエンザなら5日間の服用で終わるのが、新型コロナウイルスの場合14日間服用しなくてはいけませんから、実際は80万人分ぐらいしかないという計算になります。インフルエンザは症状が激しいわりにはすぐ治ります。寛解（かんかい）も早いので、5日間で終わるのですが、新型コロナウイルスは長くなるから、14日間飲まなきゃいけません。ですから、政府支援で原薬中間薬を含めた国内量産体制に入ったのです。

中国の収束宣言は嘘

エミン　中国が武漢で収束宣言を出して。工場を稼働し、生産の再開をするといってますが、これはもうプロパガンダ以外の何物でもないですね。ラインは回しているかもしれませんが、何をつくっているの、って話。

渡邉　製品をつくっても買ってくれる国がない。プラスティックの容器とか、軽工業、ローテク製品なら買うところがあるかもしれませんが、現在たとえば中国で携帯電話をつくったってどこが買うのよ。

エミン　世界中、武漢発の新型コロナウイルスで大変な状況なんですから。私は中国が復活しているというのも、嘘だと思っていますから。プロパガンダだと思っているんです。広州だって実際はまだ大変なことになっているという話ですし。これはもう現地から情報がもれていますから。このＩＴ時代、どんなに情報を遮断しようとしても、どこからかもれてしまうものなんですよ。

実際のところ、中国というのは、一言でいえばブラックボックスなんですよ。いくら、「感染を抑え込みました、死者数は減りました」と発表しても、それをそのまま信じる人間はいないでしょう。

渡邉　ええ。ブラックボックスです。あの国は、政治も歴史も何もかも。地域、省によっては実際に感染者がゼロに近い状況になっている地域はあるかもしれませんけどね。ただ、また人が移動しだしちゃったら同じことですよね。

エミン　独裁国家の中国であろうと、いくらなんでも永遠に人を家に閉じ込めることはできませんから。

渡邉　民主主義国ならなおさら。ですから、治療薬しかないんです。

エミン　中国は少なくとも、新型コロナウイルス収束後も以前の中国には戻ることはないでしょう。株式でいえば、もう数年前から中国は天井を打っています。今回の新型コロナウイルスパニックで、今後は目に見えるように下り坂を転がる、そんなパターンが見えてきた気がします。

渡邉　自動車に関してはもう輸出は全滅でしょうね。国内向けはまだ需要がそれなりにあれば動くでしょうけど。よく、中国車なんて日本で走っているのを見たことがない、誰が中国車を買うんだなんてことが聞かれます。しかしここでいう中国車というのは、ＢＹＤ（比亜迪）や長城汽車の自動車という意味じゃありません。フォルクスワーゲンだってトヨタだって、中国工場でつくっていれば、全部ＭＡＤＥ ＩＮ ＣＨＩＮＡなんですよ。トヨタは〝天津トヨタ〟。でも、中国でつくるうまみがなくなってしまった。人件費は高くなる一方ですし。カントリー・リスクがひどい。

エミン　工場を建てるにしても、電気を引く、水道を引くごとに役人に袖の下を通さなくてはいけない。急病で救急車に乗るときも運転手にお金を上げなくちゃ、途中で捨てられるという話も聞きました。そんな現状では、新型コロナウイルスが蔓延するのは当然です。

渡邉　軽工業はもう中国国内では採算が合いませんから、どんどん移転しています。繊維はミャンマーやベトナムといった、さらなる低賃金の国に、という具合に。これがね、ミャンマーやベトナムの職工さん、きっちりといい仕事をするんですよ。中国に頼る意味がない。石油化学っていっても特殊な物はつくっていませんから、オンリー・チャイナってないんですよ。

エミン　そういえば、ないですね。結局、みんなが勘違いしているのは、Ａｐｐｌｅとか欧米や日本のメーカーが中国でモノをつくって、その上にＭＡＤＥ　ＩＮ　ＣＨＩＮＡと書いてあれば、それが全部中国の技術だって思い込んでしまっていること。深圳（しんせん）にしても重慶（じゅうけい）にしても、そこのＩＴ技術ってもう90パーセント以上、外国の企業のものなんです。中国自体が大した技術を持っているわけではありません。海外から入ってきている企業がこれからは撤退すると思います。中国に大きな空洞化が起きると思いますよ。

渡邉　３Ｍをはじめとしたアメリカの化学系企業はみんな中国から撤退するしかないでしょう。これだけトランプを怒らしてしまったのですから。

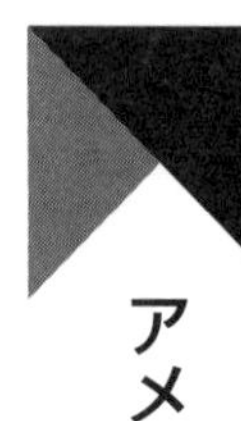

アメリカが台湾を国家承認

エミン　台湾問題についても少しお話したいですね。

渡邉　アメリカは台湾を国家承認する流れになっています。それを前提に台湾のＷＨＯ入りを実現させるでしょうね。

エミン　台湾は、新型コロナウイルス封じ込めの実績がありますしね。発生の初期にこれはヒト・ヒト感染の可能性があると、WHOに警告を発したのに、中国に牛耳られているWHOはこれを黙殺しました。このことについてもアメリカは怒り心頭ですから。

渡邉　ただ、アメリカなりイギリスが国家承認したら、即有事となるでしょう。台湾の併呑（へいどん）は中華人民共和国のメンツ、プライドがかかわっている問題ですから。だから戦争にならないように持ってかなくちゃいけないのですが。要は、もう台湾自身は独立なんてスローガンを掲げていないんですよ。「我々はもうとっくに独立していると。独自の政治体制を持っていて、立派にやっているんだ」と。蔡英文総統がBBCのインタビューで言っていることがすべてなんですが。ただ、他の国が……。

エミン　自己統治してすでに50年経っている。もう、事実上は立派な独立国だ、という主張です。あとは他の国が認めるかどうか。おそらくアメリカに同調する国も出てくるでしょう。

渡邉　「承認してくれたら、我々は国際社会に復帰する」と言っています。それに対して中国が台湾を軍事的なオプションをもって制圧できるかといえば、今の状況では難しいと思います。ここでもし戦争をしてしまったら、本当に米中で全面戦争になりますから。台湾海峡での有事は、日本だってまったくの無傷ではいられません。

エミン　私は少し違う意見で、有事の可能性を捨てきれないのです。たとえば、1962年の中国共産党とインドとの国境戦争もそうだし、ソ連との国境戦争も見ても。国内に不安定材料が溜まり、それを逸らすために中国が周りにちょっかいを出すという可能性はゼロではないと思いますよ。だから、アメリカが台湾を正式に承認した場合は……。

渡邉　その場合は、アメリカ軍は基隆（キールン）と高雄（たかお）の2大軍港をアメリカ軍の軍港にするでしょうね。昨年（2019年）の「航行の自由作戦」の際、ボルトン大統領補佐官はそう明言しています。

エミン　その前に中国が動く可能性はあるでしょう。

渡邉　現在、動いていますね。

エミン　軍事的にね。

渡邉　ええ。軍事的に。ですからアメリカは基隆と高雄のふたつの軍港を事実上、軍の統治下に置く準備をもう進めています。ただ、台湾の軍関係のなかにもかなりの数の中国のスパイが混じっていますので、日本の自衛隊側にコントロールしてほしいという要請があって、自衛隊のOBなどが協力する形で動き始めていますよ。自衛隊との合同訓練、軍事訓練ではないけれども、演習に近いシミュレーションなどを展開していますから。

エミン　それは台湾軍の話ですね。

渡邉　台湾と日英米。もし最悪、台湾海峡で有事が起こっても、それを前提とした仕組みづくりが済んでいますから。台北にAIT（米国在台湾協会）の建物が完成していますしね。AITは表向きアメリカ大使館の業務の代わりをやっていますが、内部は軍事情報ステーションです。あらゆる軍事情報、もちろん中国の情報も傍受していて24時間体制で分析しています。ステーションというよりも完全な軍事要塞といっていいかもしれません。

エミン　AITの建物の前に美福（メイフル）飯店というホテルがあって、私はそこのオーナーと友達なんですよ。彼に聞いたら、年中、アメリカ軍の高官が集まって会議をしているって話していました。

エミン　有事の備えは万全ですね。蔡英文総統も再選されましたしね。香港デモが追い風になりましたし、今回の新型コロナウイルスショックでよけいに台湾は立場を鮮明にしたことでしょう。一国二制度はまやかしでしかありません。

渡邉　非常時に備えて台湾は体制を整えていますし、逆にいうと、アメリカがそこまでテコ入れしてないと、台湾はここまで強気には出られませんから。

エミン　逆もそう。台湾が本気で自分たちを守るんだという気を起こさなかったら、アメリカも手助けはできません。他国の紛争に自国の若者の血を流させるということはありませんから。

渡邉　天は自ら助くる者を助く、ですね。一般の日本人が一番それを理解していません。

新型コロナウイルスショックでEUがバラバラに

渡邉　私の予測では、アメリカは（2020年の）秋ぐらいまでに何とか新型コロナウイルスを収束方向に持っていけると思います。一方、おそらくヨーロッパは2年かかる。

なぜかといえば、アメリカは、最悪、軍が出て、ガチガチにやってしまえば……。

エミン　都市を封鎖してロックダウンを徹底する。テント式の野戦病院を公園などに仮設して緊急対応する、これはすでにやっていますね。ニューヨークなどで。

渡邉　それに加えてコントロールしやすいんです。アメリカ大陸といっても、要は巨大な島国ですから。海からの往来を制限すればいいわけで。悪評ふんぷんだった、トランプのメキシコとの国境の壁も思わぬところで役に立ちました。

エミン　トランプはじつに運のいい大統領ですよ。かなり強引なことをやっても、それが裏目に出ない。むしろ、よい目が出る。安倍さんもかなり強運な首相だからもうちょっと強引でいいと思いますけどね。

渡邉　アメリカと比べてヨーロッパは陸続きですから、いつまでたってもコントロールできないわけです。

今回の新型コロナウイルスショックで、ヨーロッパは再び国同士がバラバラになってしまった。以前はEUというひとつのコミュニティーで、医薬品とか公共サービスを共有していたわけじゃないですか。ところが、遮断しちゃって、国によっては医療品を売らないとか、渡さないとか。

エミン　今、そうなっていますね。EUの理念が完全に瓦解しているわけですよ。イタリアではすでに医療崩壊していて、ベッドが足りない、検査キットが足りない、マスクが、防護服が足りない。そんな現場で働かざるをえないから、医師や看護師の間で感染が広がっている。頼みの綱は、同じEU加盟国なんですが、国境を封鎖しているし、フランスなんかイタリアに行くマスクを差し押さえているらしいですから。イタリアにしてみれば、何のためのEUなんだと。

そういうときに、中国がイタリアやスペインに医療チームを派遣したり、マスクを送ったりして、いい顔しいをしている。

渡邉　でも、さすがにイタリアもスペインも中国のそのやり方にはだまされないでしょう。フランスに送った防護服なんて100円ショップの雨合羽よりも品質が悪くて、検査キットも全部が陰性になるような代物でしたから。むしろ、怒りの炎に油を注ぐだけで終わるんじゃないですか。

エミン　私もそう思いますね。他人の家を放火したやつが、のこのことバケツで水を持ってくるようなものですから。泥棒しておいてお金を貸してやるみたいなもんですよね。

今回の話はみんなの命に関わる問題ですから。国民はみんな覚えていますからね。親中派の政治家もなにかの審判を受けることでしょう。

渡邉　親中派は自民党内にもかなり巣喰っていますよ。

グローバル化からブロック経済化へ

渡邉　現在アメリカは、というか、トランプは、今秋（2020年）の大統領選前ぐらい

までに何とか収束に持っていって、大統領選で再選を狙いたいところでしょう。このままコントロールがうまくいけば、おそらく、よほどのことがない限りトランプ大統領の再選は間違いない。バイデンの目はないでしょう。あのトランプの好敵手としてはキャラクターも実績も弱い。

エミン　私も現在のところ、トランプの再選は固いと思っています。新型コロナウイルスショックのなかで、明確に敵＝中国を定めて、次々と大ナタを振るっている。アメリカ人の求めるリーダー像って、じつにシンプルなのです。先ほどにもお話に出た、ジョン・ウェインのガンマン。新型コロナウイルスショックで、本来あるトランプのリーダー的気質が遺憾なくあらわれた。運のいい大統領たるゆえんです。

名前のシャレではありませんが、トランプって人はポーカー・ゲームが好きなんですよ。対面で、テーブルの上にカードを一枚一枚切っていく。相手の顔が見えないといやなんですね。金正恩（キムジョンウン）の重体説が流れたとき、トランプが「早く元気な顔を見たい」とツイートしましたが、あれは皮肉のように見えて、半分は彼の本当の気持ちじゃないかと思っているんです。北朝鮮のリーダーで、あれだけ堂々とアメリカ合衆国の大統領に会いにきたのは彼くらいです。トランプは顔の見える相手が好きなんです。金正恩のことを人間としては嫌いではないんだと思いますよ。

渡邉　ポーカーの相手にすらならないと思われているのが韓国の文在寅（ムンジェイン）大統領（笑）。

エミン　ええ。で、この間、トランプは「習近平国家主席と対談する気はあるのか」と問われて「それはない」と強い口調で否定しました。もはや、ポーカーをやる段階ではない、完全に本気のケンカモードに入っています。

渡邉　トランプ勝利でいくと、アメリカは再び中国に対する強硬姿勢をさらに強めるはずです。ヨーロッパはヨーロッパで、今お話をしましたように各国の利害対立が表面化していく。イタリアとドイツなんかはちょっとギクシャクするかもしれません。

イギリスも、早めに収束すると思いますよ、アメリカと一緒で島国だから。英米が収束した段階で次のシナリオを決めるときに、ヨーロッパ不在で決まっていく可能性がある。収束するまではヨーロッパの政治体制は安定しませんから。ヨーロッパ不在で決まって、日英米を中心とした組織体でヨーロッパを巻き込んで進めていくっていう形になる可能性を私は見ているんです。

エミン　もちろん英国は必ず絡んでくるんでしょうが、アジアにおいては日本とオーストラリアとインドを軸にして進めていく。もともとのＴＰＰ（環太平洋パートナーシップ）っていうのもそれを狙ったような感覚だったので、もしかしたらトランプもＴＰＰに戻って来る可能性があるのではと思っているんですが。

渡邉　それは十二分にありますね。

エミン　イギリスがＥＵ離脱を決めたのはじつは日本にとっても好都合なんですよ。トランプ、ジョンソン、安倍という顔が並ぶのもじつに奇跡的なことです。強運の３人がそろった。

渡邉　ブレグジットによって、いわゆるＥＵというかグローバリズムの流れが大きく変わったっていうところはありますよ。いや、もともと変わらざるを得なかったんですが、より明確になった。

だから、映画『００７シリーズ』をこの観点から観ると面白い。シリーズの前の前の作品ぐらいだとカタログ映画っていわれて、ヨーロッパのブランドがたくさん出てきました。『００７ スカイフォール』（２０１２年）では、今度は大英連邦の旗が、最後、はためいて終わるんですよね。ロケ地も、全部、香港だとかオーストラリアなどに変わって、イギリスの昔のファイブアイズ（米英加豪ＮＺの諜報網）のような感じ。それから『００７ スカイフォール』のラストでボスのＭが世代交代したじゃないですか。しかも女性（ジュディ・デンチ）から男性（レイフ・ファインズ）に。こういうジェネレーション・チェンジってある意味では象徴的だなと思います。

エリザベス女王も年齢的なことでそろそろ交代もありうるでしょ。そうなるとチャールズ皇太子が国王になる。チャールズというのは、ダライ・ラマの一番の支援者なんですよ。

エミン　ですね。イギリスも完全に中国を見限っている。そういえば、エリザベス女王は習近平のことをじつに無礼な男（very rude man）と言っていたらしいですね。

rudeには「下品」というニュアンスもあるから、まさにぴったりなんですが。今までグローバリズムを推していたイギリスのエリート、そしてイギリス自体がこのタイミングでブレグジットをして、さらに風向きがアンチグローバリズムに変わったのは大きなことだと思いますよ。これは、全世界的に影響は大きく出ると思います。まあ、EU自体はこれからも続くんでしょうけど、でも、ちょっと仕組みが変わるかもしれませんね。

渡邉　かつてのEC（ヨーロッパ共同体）のような、つまりは鉄鋼同盟的な形になるかもしれません。EUというよりも、シェンゲン協定を除いた産業協力同盟みたいな枠組みに変質せざるをえないでしょうね。

エミン　そうですね。だから、シェンゲン協定がなくなれば、そもそもEUっていうのはもう意味をなさなくなりますから。実際、EU内で国境封鎖しているわけですしね。もう、その前段階に来ているかもしれません。どちらかというと、問題はユーロをどうするというほうに比重がかかるってくる。

渡邉　ユーロの一番簡単な解決策っていうのは、ドイツ抜きのユーロにする。これが一番手っ取り早いです。

エミン　ドイツを除けば、あとは経済規模は同じくらいだから。

渡邉　ドイツが抜けると、ユーロの通貨が3分の1ぐらいまで減価するので、そうすると価格競争力が他のヨーロッパの国々には出てくるわけですね。

一方、ドイツは中国との経済関係が強過ぎるから、このまま中国とべったりだと一緒にドボンしてしまう可能性もあります。

エミン　それはあるかもしれない。ユーロをどうするかっていうのは、それはまだ見えてきませんが。

渡邉　シェンゲン協定がなくなって、ヒト・モノ・カネの移動の自由化ではなくて、モノ・カネの移動の自由化ぐらいでやっていく。

エミン　だから、カネとモノの自由化ぐらいだったら、その意味では、トルコはもうすでに欧州圏に入ってるんです。現状は、ヒトが動けないだけで。

渡邉　エミンさんが著書の中で述べられてるように、グローバル化の時代は終わり、これからはブロック経済化の時代に入っていきます。これは好むと好まざるとにかかわらず、時代の必然ですね。

エミン　それと、もうひとつの特徴として、2カ国間の協定というものが強くなるかもしれませんね。FTA（自由貿易協定）を結ぶとか、EPA（経済連携協定）を結ぶとか。

渡邉　同盟関係ですよね。ですから、国際連盟が国際連合に変わって、もう一度、国際連盟に戻るみたいな感覚かな。ひょっとしたら、国連自体が瓦解する可能性が出てきていますので。本当に、アフターコロナは世界のすべての仕組みが変換を余儀なくされていきますね。あらゆるシステムが変わっていく。

エミン　国連もまったく機能していませんし。だって、「2020年4月1日に、国連人権理事会（UNHRC）は中国代表を諮問グループの地域代表として任命したことを発表した」って話、あり得ないでしょ、反人権の親玉みたいなやつがそんな役割に就いてどうすんだよ。

渡邉　犯人グループが裁判官になるみたいな。

エミン　漫画ですよ、泥棒が警官やるようなもんですから。

渡邉　漫画以上だよ。あり得ない話。

日本の脱中国と産業構造の変化

渡邉　さすがの日本も中国という国のヤバさというものが身にしみたでしょう。中国から離れる、これはもういいことずくめ。中国に吸い取られていたものが吸い取られなくなるわけですから。構造的に寄生虫のようなものなんですよね。さっき言ったＧＤＰから考えた場合には。

エミン　歴史から見ても、大陸と深くコミットしていくとろくなことがないんですね。いい例が日中戦争。みごとに泥沼にはまりましたからね。挙句にはあのアメリカと戦争するはめになった。中国に学ぶのは、隋や唐の時代で終わりました。

渡邉　だから、この寄生虫を駆除する。大きな日本の国内の変化としては、インバウンドはもう無理だと思うんです。ということは、中国人ホテルマンとかいらなくなるんです。

エミン　中国人が来なくなればね。

渡邉　中国人の観光客が大勢来るので、中国人向けのお土産屋さんとか従業員とか、現在は外国人労働者をたくさん雇っていますが、これが必要ではなくなる。

当然、必然的に短期間において第３次産業ではかなりの失業者が出ます。それを、結局、第１次産業、第２次産業を受け皿にして、国家構造を変えなきゃいけないっていう話になります。今、すぐにでも、職の供給ももちろん含めた対策が必要です。新型コロナウイルスショックでグローバルサプライチェーンが壊れていますから、これがやっぱり食料品の高騰とかいう形で影響が出始めてくるんです。

そうなってくると、食料品の供給という部分で付加価値が乗せられるようになるので、今まで虐げられていた第１次産業が見直されるわけです。たとえば、年間２０００万円稼ぐことができる農家であれば、人が農業に戻るわけです。

エミン　そうですよね。日本の農業生産者さんて、すごく優秀だと思いますよ。だって、イチゴにしろ、メロンにしろ、あれだけ甘くておいしいブランド品種をつくってしまうじゃないですか。果物や野菜の品種改良って、ほんとうに地味でこつこつとした作業。さっきの薬の話ではないですが、日本人だからこそできることだと思います。

渡邉　農業は儲からないという先入観がありますから、みんなやりたがりません。

エミン　農業は地味で辛気臭いというイメージが、若者に敬遠される理由のひとつなのでしょうが、これはマスコミの影響もありますね。それから階級闘争史観。お百姓は土地に縛りつけられ、搾取されるだけの存在だったというのはおそらくマルクス主義的な見方のなごりです。実際、江戸時代のお百姓は、農閑期には芝居見物もしましたし、お伊勢参りとか、レジャーを楽しんでいました。お伊勢参りは現代でいう、ディズニーランド巡りのようなものでした。俳句の会とか論語の勉強会とか和算とか、サークルも盛んでした。なんといっても読み書きができたのがすごい。お百姓とお侍ぐらいでしょ、職業に「お」がつくのは。あと、お坊さんですか。

若者が流入してどんどん農業を活性化すれば、ポルシェに乗っている農家のお兄ちゃんだって出てくるかもしれません。とにかく、日本も食料自給率を上げないと。食料を輸入に頼っていたら、今回の新型コロナウイルスショックのようなことが長期化したら、いよいよ食べるものがなくなってしまいます。

渡邉　たとえば、中国から1枚5円のマスクが入ってこなくなれば、日本の1枚30円のマスクも安いって、みんな買うんです。例を挙げるならシャープのマスクは国産品で質がいいからと値段が高くても希望者が多くて抽選になりましたよね。中国から極端に安いものが入ってこなくなれば、多少高くても日本の質が高いものが売れるようになる。ローテク分野でも日本国内の国内回帰も進むし、国内の採算性が上がってくるんです。なぜ日本からローテク分野が失われていったかというと、採算性が失われたからです。国際競争力で負けたので海外に出てったり、海外と競争の結果なくなったり、国内から淘汰された。これが戻ってくるわけですよね。

エミン　はい。日本は本来、モノづくりの国ですから、どこよりもクオリティーのいいものをつくることができると思います。マスクにしても。単にコストという問題で、そういう技術や職がなくなっているのは残念でなりません。

渡邉　第3次産業っていうのは、大変失礼な言い方ですが、現在過剰なんです。インバウンド客向けの部分だけでも、産業的に見たときに少なくともその部分は過剰な人員なんです。これを第1次産業、第2次産業側に移行して、第1次産業、第2次産業を採算が取れるように変化させる必要があります。新型コロナウイルスのために国際社会のサプライチェーンが打撃を受けたおかげで、採算性が取れるようになる可能性が高くなりました。そうすると、基礎材料から中間材料、最終製品までを一貫生産できる国内体制ができる。

また販売できる体制もできるということで、非常に国家構造としてはきれいな構造になるんです。じつは現在のほうが、非常にひずんでいる状態なんですね。ローテク分野だけを海外に全部依存してしまっていますから。

中国向けではない新たなインバウンド商法

エミン　ただ、私自身はインバウンドがなくなるとは思ってないんですよ。というのは、確かに中国向けの部分は沈みますが、結局、アジア自体の経済発展っていうのは止まるわけではありませんので、観光客の減少に関してもそんなに悲観的になる必要はないと思っています。

たとえば、日本の周辺国で、もしくは東南アジアで、そこそこの人口があって、しかも親日的な国っていっぱいあるわけじゃないですか。現在はアジアもどんどん発展していますし、古い言葉でいえば、中進国、上り調子の。ですから、そういう国の1人当たりのGDPが増えて、みなさんが海外旅行に行けるようになったら、行くところって日本なんですよ、このアジアで。

たとえば、飛行機で3～4時間圏内で行ける外国ってそんなにはありません。私はその意味では日本の観光立国化は進むと思います。ただし、期待すべきカスタマーは、中国ではないということです。今のインバウンド商法は、中国人向けのものばかりですが、それを方向転換すれば、日本の観光コンテンツは十分、お客さんを呼び込めると思います。いや、むしろ大いに期待できる。

渡邉　私の言いたかったこともまさにそこなんです。免税店やマツモトキヨシや家電量販店をパッケージに組み込んでいるような旅行プランはもう終わりでしょう。大久保あたりでは木造モルタルのアパートが民泊用に改造されていたりしますね。韓国人は韓国人で自分たち同士でお金を回しあって、日本の観光業にあまりお金を落としません。中国、韓国は商売としてあてにはできません。

エミン　逆に、大量に投資する前に、中国向けのインバウンドビジネスが崩壊してよかったと私は思っています。一方で、やはり目を向けたいのは、東南アジア。マレーシアとかインドネシアとか、人口だけとってみても3億、4億いるわけですから。

渡邉　ベトナムとかも。

エミン　ベトナムも、おっしゃるとおり。それからタイがあるし、フィリピンもある。そればかりじゃありません。インド圏を含めた大きなアジアができれば、その人たちってい
うのは必然的にやはり日本に来ると思っています。

私は、日本というのは、観光ポートフォリオとしてはすごくいい国だと思っているんです。まず、ほどよくコンパクトなんです。そして、もちろん飛行機もあるし、新幹線が走っているので移動しやすい。南北に長いから、いろいろな風土が楽しめるんですね。

渡邉　治安もいいですしね。

エミン　ええ。安心、安全。それに食がおいしい。同じ国内で移動するのが非常に簡単。アメリカでしたら1週間でフロリダからニューヨークまで観光はできませんが、日本でしたらちょっと無理をすれば、北海道にも行けるし、沖縄にも行けるわけです。

それを考えると、今までそもそも日本観光ブームが起きなかったのは、もちろん規制的な問題もあるのですが、日本ってあんまり知られてなかったんですよ。現在、インターネットを通じて、ＹｏｕＴｕｂｅなんかも使って日本の面白さが日々、世界に拡散されています。自治体や観光協会のＰＲ動画もいいですが、旅行者や日本に在住している外国人のつくった動画がすごい再生回数なんです。実際の旅行者の観光案内だから、おそらく日本人

も気がつかない、日本のいいところがいっぱい紹介されています。ちょっとした日本語の挨拶や日本のマナーなどは、ＹｏｕＴｕｂｅの動画で覚えたって人もいますよ。

さらに日本の魅力はコンテンツ産業。アニメ、マンガ、ゲームですね。コミケには世界中から人が集まるんですから。私が最初に日本にきた当時、秋葉原に外国人なんてほとんどいませんでした。今は外国人だらけですよ。日本のコンテンツ産業やキャラクター産業はまだまだ伸びると思います。それから、強味といえば、日本はリピーターが多いんですよ。同じ人が何度も来て、日本通になっていく。ただ、先ほどもお話にありましたように、中国人向けの観光ビジネスは、もうアウト。忘れたほうがいい。

渡邉　中国人向けのインバウンドビジネスというのは、かなり歪（いびつ）な成り金主義的な、はっきり言ってしまうと下品な、爆買い目当てのツアー。ああいうインバウンドビジネスはもう成立しないということを知るべきですね。

エミン　成立しないですね。なぜ爆買いするかというと、転売目的。中国では日本製の紙おむつや女性のデリケートな用品など、2倍、3倍、地方では5倍くらいの値段で売ることができます。それはやっぱり、自国の製品を信用していないということが大きい。先日も中国でニセの粉ミルクで赤ちゃんの奇形騒ぎがあったばかりですね。

渡邉　今のホテルの数に関しても、当面、5年ぐらいのサイクルで見たときには、必然的に減ると思うんですよ。中国が減ったぶんも厳しいし、ヨーロッパも厳しいですし、アジアも当面厳しい状況に陥りますから。そういう面で見ると、現在のホテルの数は、これ以上増やす必要ない。

5年ぐらいの間で考えれば、ですよ。その間のインバウンドということを考えると、中国団体客向けのような成り金主義的というか、バブル的な観光パッケージなんてものは、もう、これは全部、消滅するべきです。それよりもゆっくりと楽しんでいただける、長い意味での、観光公害を生み出さないような精神的な贅沢ができる長期インフラとしてのインバウンドっていうのがこれからは、非常に重要になってくると思います。

エミン　よく言われる「モノ消費」から「コト消費」型のインバウンド・ビジネスへの転換ですね。「買う」観光から「体験する」観光へ。

たとえば、京都や鎌倉、浅草なんかで日本の着物をレンタルするサービスなんてその最たるものです。ご存じのように、イスラムの女性は顔にスカーフを巻いてますが、イスラムの女性向けに和服に合うスカーフのレンタルや販売をコーディネイト込みで行っている貸衣装屋さんもあります。これなんか素晴らしいアイディアだと思いますよ。アジアにはマレーシアやインドネシアなど、イスラムの国も多いし、これはもっともっと、世界に向けて知らせたいですね。

みんなが、日本に来て日本を体験する。日本の文化を体験する。日本の素晴らしい文化にみなさんが触れることによって、これが他の国にも伝わりますし、より強力な日本のソフトパワーをつくる基盤になると思っているんです。

渡邉　武道を体験にくる人もいますしね。しかも、決してにわかな武道オタクでなくて、かなり本格的な。

エミン　ですから私は中国のインバウンドがなくなったからっていって、観光政策はやめないでほしい。ただ中国にはどのみち頼っちゃいけなかったから、逆に、早いところで気がついてよかったと思います。中国人も個人旅行客ならまだいいんですが、団体になるとやはりマナーの悪さが目立ちます。まあ、すべてがそういう人ではないと思いますが。

インバウンドは人数ではなく金額が重要

渡邉　ずっと日本は、人数ベースでの観光目標をずっと掲げていたんですよ。これは間違っているから、額ベースにしなきゃ駄目だと私は主張してきたんです。何人観光客が来たか、ではなく、どれだけ日本でお金を落としたかのほうが重要ですよ。官邸も3年前あたりからようやく方針を変えたのですが、それが徹底できていなくて。

エミン　まったくおっしゃるとおり。韓国人の観光客などは日本に落とすお金が少ない。

渡邉　お役人は数ベース計算すると楽だから、数ベースで入国管理を甘くしてビザをばんばん発行したんですよ。とにかく、観光客を入れろ、数を増やせって。それが簡単ですから。だから、今おっしゃったような観光公害が起きているんです。ゴミを散らかすとか、食堂や居酒屋に持ち込みするとか、会計も済んでないのに袋を開けてお菓子を食べるとか。神社で他人の絵馬に落書きをするとか。

エミン　彼らも個人ならそんな目立った迷惑行為はしませんが、集団になるとたんにお行儀が悪くなりますから。

渡邉　だから人数ではなく、ひとり当たりの消費単価を上げられるようなビジネスモデルにしなきゃいけなくて、人数ベースではなくて、額ベースが重要なんです。。

それも、いわゆる物を買いにくるタイプの客はじつは高額の購買層にならないんですよ。

なぜかと言いますと、免税店でシャネルのバッグを買ったとしても、日本の利益になりません。日本の電化製品を日本で買って帰っても、中国のどこかのマーケットで買って帰っても、結局は変わりません。SONYとかTOSHIBAと書いてあっても、実際は中国でつくっているわけですから。日本に一回持ってきて、中国に戻しているのに過ぎないわけです。結局、日本の産業のプラスにはなりません。

そうではなくて、おいしいものを食べるとか、温泉に入るとか、さっきのお話じゃないですが、和服を着て写真を撮るとか、そういう付加価値。観光において有効な付加価値を持たせていくべきだと主張をしてきたんです。もちろん、中国人向けの温泉のツアーもあるようですが、今までの日本ってとにかく安さで勝負するというか、いわゆる観光ビジネスのディスカウントをやっていたわけですよ。

エミン　それはダメですよね。日本にはエレガントで優しい文化がたくさんあります。それを、なおエレガントにパッケージングしておっしゃるとおり、適正価格を付けてね。

渡邉　スイスとか、ニースとか、それこそ北イタリアの高級保養地的なモデルを考えないといけないわけですよ。たとえば、別府の温泉だとかそういう地方の温泉都市なんかいくらでも高級リゾート地として再生できます。

エミン　暖かい時期もいいですし、ウインター観光も楽しめますね。スノーボードとかスキーとか、そういった観光立国に日本はなれると思いますよ。スキー場とかもたくさんあるわけで、設備的にはいっぱいありますし。

渡邉　そういう高級なリゾート展開にしなきゃいけないのを、安っぽい方向にもっていく。大衆的な観光地というのも必要ですが、これは大衆的というより、むしろ下品というべきですかね。それこそドン・キホーテを借し切りにしてツアー・コースに組み込むような。もうですから、そういう観光ビジネスモデルは完全なオワコンなわけで。民泊なんかもやめたほうがいいですよ。

エミン　日本には欧米人も観光客でいっぱい来ていますよ。今、人気があります。ジャポニスム人気ですから。飛行機も安くなっていますし、アフターコロナにはまたいっぱい来ると思うんです。

渡邉　ラグビーのワールドカップの後からかなり欧米人のお客さんが増えてましたから。

エミン　増えてますね。

渡邉　野球やサッカーに比べて、ラグビーはまだまだ一般にはなじみがないからと当初は盛り上がりを危惧する声もありましたが、蓋をあけてみたら大盛況でした。あれでラグビーのファンになった人も多かったんじゃないかな。外国の選手、記者、オーディエンスは日本人のマナーのよさを絶賛していましたし。ちょうど､台風があって、被災地の外国のチームがボランティアで駆けつけたのも感動的でした。

エミン 普段からの礼儀正しさやマナー、「おもてなし」の交流。こういうのが日本の観光産業の下支えになっているんだと思いますよ。また行こう、リピートしようというね。

渡邉 ラグビーというのは基本的に紳士のスポーツです。荒っぽいですが、だからこそ選手は紳士でなくてはいけないという教えがあります。もともとはイギリスの金持ちの子弟が通う寄宿学校で生まれたスポーツなんですよ。昔の高級ゴルフのカントリークラブと一緒で、要は金持ちしかやりません。だって、ラグビーの試合を観るために1カ月間休暇が使えて、ラグビーのチケットを10カ所買い回れて、ホテルに泊まれて、移動できて、家族5人つれて回るって、いったい、いくらかかっているのよそれ、という話でしょ。

エミン そうですね。

渡邉 そんなラグビーのために1カ月間、仕事休んで。うん千万円のお金、出せる人じゃないと追っかけることできませんからね。ひとつのチケットが20万円とかするわけですから。

エミン　アフターコロナで仕切り直しだと思うんですよ。まだ来年（2021年）に延期した東京オリンピックが開催されるかどうかはわかりませんが。もし開催できれば、人類が新型コロナウイルスショックに打ち勝った最初の五輪になります。ますます安倍首相の強運が証明されたことになります。

渡邉　日本を再認識してもらって、いいお客さんに来てもらう。中国からの観光客なしでもいいですから（笑）。

エミン　なしでいいと思います。中国に依存し過ぎてしまうと、何かあったときにはもう一瞬で止められるから。「日本には行くな」と共産党が命令すれば、誰も日本に来ることができなくなる。それでは中国に産業の首根っこ押さえられてしまうことになります。

そもそも中国人を想定した観光投資はやるべきじゃないんですよね。私は完全に排除しなくても枠を置くべきだと思っているんです、中国人の1年間の観光ビザ発行数を決めて、それ以上は来るなと。

渡邉　団体ビザ、止めりゃあいいんですよ。そして、個人ビザ取れる人だけ入れればいい。何度も話題になりますが、団体になると彼らは観光公害の元凶になる。

エミン　そう、それでいい、本当に。そもそも間違っているんですよ、政治的な何かあったときには大変なことになる。ひとつの国に産業依存しちゃ駄目ですよ。

渡邉　個人旅行だけに絞っても、年間20～30万人でしょ。しかもわりとこの人たちはお金持ち層です。

エミン　ですよね。それこそ、カジノをつくって金持ちだけ来てもらって、お金いっぱい落としてもらえばいい。日本は団体旅行で安く小銭商売やる必要はまったくありません。この国にはそれだけのバリューがあるということですから。

渡邉　それから、やはり思うのは、日本って総中流社会ですから、ある意味。大金持ちではないけど、貧乏人とも認めたくない。そういった中間層がいっぱいいます。自称中流階級の国なんです。

エミン　わかります。日本人は平均値がずば抜けて高いんですよ。どんなジャンルでも。たとえば、南米なんか行くと、ハーバード大学で博士号を取るような秀才がいたかと思えば、一方で自分の名前も書けない、読めない人がいます。日本では読み書きのできない人なんていないでしょ。これは世界でも稀有なことだと思うんですよ。でも、突出した人ってあまり目立たない。いるんですけれどもね。ノーベル賞を取るような科学者でもなんか隣のおじさんといった雰囲気。だから、総中流社会というのはよくわかります。

日本にも何千億のお金を動かす会社の社長はいますが、自家用機を持ち、お城のような家に住む欧米の資本家のイメージはありません。

渡邉　それはいいことでもあるんでしょうが、弱点でもありますね、日本の企業人の。たとえば、接待にしても欧米の金持ちの人たちの考え方を役人が理解できないわけですよ。エスタブリッシュメントの考え方を理解できてない人間がシナリオ組むと、なんかトンチンカンな方向にいくんです。

エミン　おっしゃるとおり、確かに。

渡邉　金持ちのエスタブリッシュメントの人たちの視点を持ってシナリオ組めばそういう人たちを呼べるんですが、それがないんですよね。

エミン　高級リゾートもないんですよね、日本って。そういう商売の仕方がわからないから。

渡邉　「星野リゾート」が頑張っているけども、本当は自治体単位で自分たちの街自体を高級リゾートにしなければならないのを、ディズニーランドみたいなものをたくさんつくっちゃうみたいな考え方をしていますから。

エミン　根本的に間違っているんです。最近、やっと変わりましたけど、日本の空港って、ファーストレーンとか金持ち向けのレーンが、一番端の見えない所にずっとあったんですよ。ヨーロッパとか普通の空港って、真ん中にお金持ちレーンがあって、エコノミークラスが逆に端のほうなんですよ。日本の場合はエコノミークラスの人たちがいて、金持ちがこそこそっとファーストレーンから抜けてくっていうような構造なんですね。

渡邉 あんまり見えないようにね。突出した金持ちが目立たないように。いかにも日本的、ですね、そのへんは。

エミン そこからまず発想がまったく異なるわけなんですよ。ただ、日本人がそういうのを知ったうえで世の中を見ていくと、いろいろ変わることができるわけです。そのへんはわりと外国人の力を借りてもいいと思っていますけどね。専門的な、観光業の専門家とか。

渡邉 外国人の知恵を借りるの方法もありますし、もうそういう話をするときに50代以上の人たちは参加させないということを原則、条件にしないといけませんね。なぜかっていうと、子供のころから海外旅行に行き慣れていない人に議論させても無駄ですから。

エミン そうですね、本当ですね。

渡邉 だって、小学校、幼稚園から海外へ当たり前のように行っている子たちの感覚とは全然違います。外国に金持ちの友達がいる人はつき合いも違いますからね。

富裕層とつき合わないとわかりません。外国人が外国人同士でおつき合いを持とうと思うと、富裕層同士じゃないと無理なんです。富裕層って、金銭的なものだけじゃなくて、知的水準も含めた。

エミン　同じクラスの人たち、同じ階級の人たち。同じようなステータスの。

渡邉　そう。同じベースメントがないと、共通の会話ができないんです。

エミン　私もまったく同じことを感じていました。私が以前、野村證券にいたとき痛感したんですよ。

たとえば、海外の企業からお客さんが来て、それを日本の投資家さんに会わせるっていう、そのミーティングをセットアップしたりしていたんですが、いまいち接待の仕方を理解してないんですよね。日本の接待の仕方っていうのは、別にそれ自体は日本人相手では悪くないんだけども、たとえば、海外から来る大きい会社のＣＥＯというのはいわゆる貴族みたいな人たちなんです。アリストクラシー（特権的階級）です。日本の中流層の社長とは、日本のサラリーマンの社長とは、ちょっと違うんですよ。ですから、そういう扱いをしないと、そういう接待をしないと、もう二度と来てくれませんよ。

日本人は確かに平均値は高いけれど、平均のはるか上にいる人たちを前にすると対応がわからなくなるんですね。

渡邉　だから、接待する場合は相手の好みを聞きながら二択で、本当にちゃんとした高級な料亭、しかも日本らしいサービスがあるところか、もしくは、思いっきり庶民的な、たとえば下町で、普通経験できないような所に連れて行くか。

エミン　もんじゃ焼きとか。

渡邉　だって、外国人、アメ横連れてったりするとみんな喜びますよ。ただし、いくら庶民的といっても、選ぶにはそれなりのセンスが必要ですけれどね。

第五章　新時代、主役は日本。それは歴史の必然だった

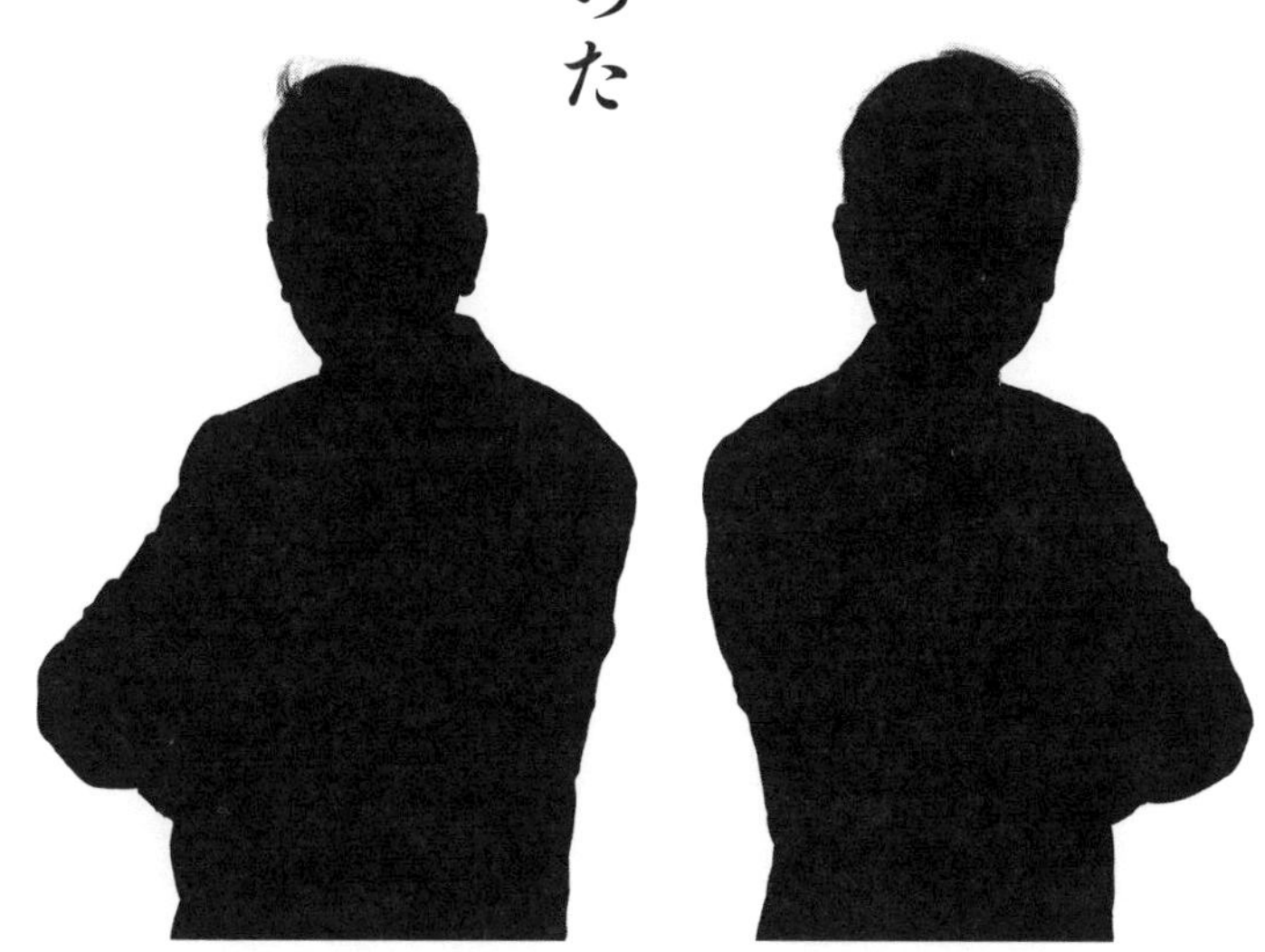

安倍首相は世界に向かって国際演説を！

渡邉　やはり気になるのは、政府の景気対策です。現在次々と補正予算が組まれたり、日銀が対策を行ったりしていますが、これをプラスアルファで積み上げていって、経済再生のための新しい政策をいくつか組み上げていくしかないですね。国内的には景気対策をきちんとやり、対外的には、プラスのメッセージを出す。それがより一層、国内経済復活の士気を高める。

日本は新型コロナウイルスの治療に効果がある薬を最も多く開発してきた国です。たとえば、いつやるかは別にして、「アビガンが世界の救世主になる」的な世界に向けた演説を、NHKの国民向け演説ではなくて、YouTubeも使って世界の人々に向けて、国際演説として安倍首相はやるべきです。英語の字幕をつけて。できれば、最初と最後の部分は安倍首相自身の英語で。

エミン　私もそう思いますよ、本当に。

渡邉　日本の政治家はメッセージ下手といいますかね。自画自賛は恥ずかしいなんて日本式の奥ゆかしさは国際社会には通用しません。それでは中国のような厚顔には勝てません。「日本のアビガンが世界を救う、安心してください」は中国に対する牽制にもなるし、ひいては国益のためになるのです。

エミン　こんなときだから世界は明確なヒーローを求めているのです。トランプ大統領が中国共産党と戦う意思を鮮明にしたとたん、彼の人気が急上昇しました。トランプが戦うヒーローなら、安倍さんは世界を癒し、快方に導くヒーローであることを示すべきです。どうも、日本人は、ヒーローが苦手というか、ヒーローを認めたがらないところがあります。

渡邉　アメリカあたりですと、9・11のときに殉職した消防士や警察官はヒーローですからね。今でいえば、コロナと戦っている医療関係者がまさにそうです。

災害復興時の活躍で、ようやく自衛隊の存在が一般にも認められるようになりましたが、それまでは「税金泥棒」とか「人殺し集団」なんて心無い言葉を浴びせられることも多かったんですよ。現場で泥まみれになって戦う人にもう少しリスペクトの気持ちを持つべきですね。

エミン　安倍首相が先頭に立って目立つことをやると、すぐに、暴走だ、独裁だ、という人がいますが、「彼らは本物の独裁者、独裁政治というものを知っているのだろうか」と言いたいですね。歴史的に見て平均値の高い日本には、独裁者も生まれにくいんです。独裁者を必要としない文化と言い換えたほうがいいのかな。

渡邉　平清盛や織田信長が近代でいうところの独裁者にあたるかどうかは異論があるでしょう。日本のように、権威と権力が分かれたシステムというのは、確かに独裁者が生まれにくい。

エミン　アビガンはまず最初にドイツが購入の声をあげましたね。追随する国もたくさん出ています。日本にはチャンスです。

渡邉　フサンもあるし、アクテムラもある。イベルメクチンもある。安倍首相は「日本が開発した薬が世界の人々を救うお手伝いをすることができました。これからも世界のために国と企業が一丸となって、頑張っていきます。オリンピックは世界の復興の象徴にします」と宣言するべきです。日本は世界を救うために頑張りますので、来年のオリンピックをよろしくお願いしますと。

エミン　それはすごいことだ。オリンピックはコロナ克服の人類祝福のイベントになる。盛り上がりますよ。

渡邉　収束期に入ったら、まず国際演説でこれをやるべきです。世界発信する。必要としている国には、すべて提供します。あなたの国でつくることができるならライセンス協力しますから各国でつくってくださいと。

日経平均は5年以内に5万円に到達する

渡邉　エミンさんはアフターコロナの株価には強気ですね。

エミン　日経平均は年内に昨年の高値を更新するでしょうね。自身の年内のシナリオを修正しないといけません。6月末予想も上方修正ですね。米中の有事リスクさえしっかりヘッジすればロング（買い）ですね。

渡邉　2番底は終わった？

エミン　2番底は浅すぎてわからないうちにすでに終了した可能性が高い。恐らくは日本の連休中にあっさり終わって次のステージに移行しています。複眼経済塾として、我々はもう「3年以内に日経平均は史上最高値を更新する」と言っています。つまり、バブルの最高値、日経平均3万9800円を超えるということです。

米中さえ戦争をしなければ空前の大バブルになると思います。日経平均は5年以内に5万円に到達する。そういう時代に入ったと思っているんです。

渡邉　金融面だけでいったら、量的緩和をこれだけしているので、流動性資金は余っているんですよね。

エミン　世界的にですね。

渡邉　金（マネー）は余っていますから、金詰まりによるリーマンショックのときのような影響は出ません。それよりも実体経済の悪化によって、企業の倒産が出てくることのほうが心配です。早めにこのコロナ禍を抑えてしまう、これにつきるわけです。

エミン　そうです。株価というのは先を見るので一般の人が考えるほど足元の企業業績には左右されません。今日よりも明日、明後日を見るわけです。株って新型コロナウイルス収束の兆しが見えれば、後から出てきた数字が悪くても上がるんですよ。これを「不況下の株高」といいます。今後は「不況下の株高」になると思います。実体経済は数字がすごく悪く出てくるはず。

渡邉　現実の数字は遅行指数ですからね。

エミン　そう。ただし、もうおっしゃるとおりで、まずお金があり余っている。そして、世の中のグローバル資本はこれから中国株の見通しを暗いと考えている。するとお金がどこに行くかって、日本株に来るはずです。

もうひとつは、ＭＳＣＩ社（モルガン・スタンレー・キャピタル・インターナショナル）のインデックスから中国株を取り除く。取り除かなきゃいけません。

渡邉　共和党上院議員のマルコ・ルビオが厳しく忠告していましたね。これに対してＭＳＣＩのＣＥＯであるヘンリー・フェルナンデスは、「米国資本が中国へ流入することに制限を加えることは、グローバル市場に壊滅的なダメージを与える」と反論していましたが、もはやグローバル市場自体が終焉に向かおうとしているわけです。それと心中しても仕方がないでしょ、と考えます。

民主党上院議員のジーン・シャヒーンもルビオと同意見ですね。これに関しては共和党も民主党もありません。

エミン　だいたい、おかしな話だと思いますよ。アメリカ人のタックスペイヤー（納税者）のお金、もしくは年金のお金が中国株で運用されるって。虎の子のお金を敵に渡しているようなものですから、普通に考えれば、あり得ない話ですよ。したがって、それでもやっているのは、結局、ＭＳＣＩのインデックスに中国株を入れているからです。入ってる以上はもう自動的に買わざるを得ないというか、必然的に買われるわけです。

まず、中国株をそういったインデックスから取り外す。これだけで大きく違うと思います。そうなれば、みんなの興味が日本株に向く。日本株の存在感はぐっと増しますよ。さきほど「5年以内に日経平均は5万円！」と言いましたが、中国株から逃げたグローバルマネーが日本に来ればもっと上に行く可能性も十分にあります。

渡邉　アメリカの中国に対する戦略によって、ウォールストリートに上場してる中国株は消えるんじゃないですか。

エミン　消える可能性は大いにあると思います。

渡邉　なぜかというと、中国企業は会計データを中国国内から持ち出せなくて、監査自体がとても不安定ですから。不透明な監査しかしていない株を上場しているのは、もうこれは完全に証券詐欺だっていう言い方をしている専門家も出てきているわけです。ルビオなんか、かなり厳しくその点を指摘しているんですよね。

エミン　本当におかしな話なんですよ。だって、中国の会社がアメリカで上場できるのになぜ同じことをアメリカの企業が中国でできないんですか。

渡邉　そうですよね。米上院は２０２０年5月20日に、米株式市場に上場する外国企業に経営の透明性を求める法案で、外国企業説明責任法（Ｈｏｌｄｉｎｇ Ｆｏｒｅｉｇｎ Ｃｏｍｐａｎｉｅｓ Ａｃｃｏｕｎｔａｂｌｅ Ａｃｔ）を可決しました。これは米国の会計監査の規制を順守しない中国企業を念頭に置いた法案で、外国企業は3年連続して、アメリカの公開企業会計監視委員会（ＰＣＡＯＢ）の監査基準に満たなかった場合、またはその基準に違反した場合、アメリカで上場廃止となります。またアメリカに上場する外国企業に対して政府の支配下にはないことを証明しなければならないとも規定しています。また5月18日には外国企業の新規株式公開（ＩＰＯ）基準を厳格化する規則改正案が提出されました。外国企業のＩＰＯ時の資金調達規模について、最低２５００万ドル（約27億円）か、または上場後の時価総額の少なくとも25％に義務付けており、事実上、中国企業のＩＰＯを規制する内容です。

エミン　そもそも論として、中国株を推してきた金融勢、ウォールストリート、彼らの罪は非常に重いと思いますよ。大手の運用ファンドでなどですね。

渡邉　そういう人たちが往々にしてパンダハガーですしね。

エミン　ガールハガーかもしれませんよ。

渡邉　ああ、ハニートラップ。姑娘（くーにゃん）ハガーね（笑）。

エミン　でも、そういう人たちに対しても、今まではやっぱり物は言えなかったわけですよ。ルビオさんとか、トム・コットンさんでさえ長く口を封じられてきました。日本もそうですが、アメリカの中国への忖度はかなりのものでしたよ。でも、今回ようやくその口実ができました。

渡邉　新型コロナウイルス問題がありますからね。トム・コットンというのは共和党の上院議員で、コロナウイルス＝中共のバイオ兵器説を唱えた人。こんな発言が議員の口から出たこと自体、すごいことです。あきらかに潮目が変わったといいますか、アメリカの本気度がわかる。コットンさんは軍人上がりですし、いい加減な発言はしないはずですから。

中国の隠ぺいは犯罪行為だ

エミン　結局、最初の話に戻りますけども、新型コロナウイルスショックは世界に大きな

変化をもたらします。もう、もとには戻りませんよ。そのなかで中国もただではすみません。

渡邉　米軍のなかにも感染者が出ていて、それが広がりましたからね。軍が怒っていますから。

エミン　怒っていますよね。当然ながら。ひるがえってみれば、これまで中国がどんなに人権侵害をしようが、ウイグル人、チベット人をいじめようが、香港で民衆に銃を向けようが、公害をまき散らかそうが、みんな、どこか遠い話というか、他人事（ひとごと）だったわけです。自分の身に降りかかっていることではなかったから。中国なんてアメリカから遠いし、ヨーロッパからも遠いし、それより、メイド・イン・チャイナで安く商品を買って、14億人の市場に向けて車や牛肉を売ったり、中国の国民に安い人件費で働いてもらうことのほうが重要でした。みんな儲けることしか考えていませんでした。

これに関しては中国の隣国である日本も同罪です。日本なんか、自国の海域で船までぶつけられているのに、「遺憾」で済ませてきた。本当に情けないことです。しかし、もう、すでにそうはいかないんですよ。みんな自分の身に被害が起きていますから、亡くなっている人もいれば、とてつもない精神的な苦痛を受けた人もいっぱいいます。そして経済的な困窮。お店を畳んだり、職を失った人もいるわけですよ。これ、もう、理由ははっきりしていますからね。

渡邉　日本だって、たとえば志村けんさんひとり亡くなっただけでもものすごいショックを受けている人が多いわけですよね。日本人はあれで一気に新型コロナウイルスの恐怖が身近なものになりましたからね。40代以上の人たちはみんなショックだったんじゃないですか。

エミン　志村さんが亡くなって日本人はみんな寂しがっています。トルコって、漫才っていう文化はないんですよ。いわゆる会話で成り立たせるお笑いは。だから、私は漫才を見ていてもそんなに面白いとは思わないんです。日本の笑いってあんまり面白いとは思わないのですが、コントというジャンルはトルコにもありますから。

志村さんのコントは好きだったんです。日本語学校時代から見ていましたから、志村さん、好きだったんですよね。だからすごく残念です。

渡邉　彼のお笑いは言葉がわからなくてもわかるとよく言われますね。だからといって、昔のサイレント映画の笑いとも違います。

エミン　そう。そうなんですよ。

渡邉　そういった、それぞれの国を代表する著名人が亡くなっていますからね。サッカーの関係者であったり。するとやっぱり、たとえばサッカーファンにとってはサッカーチームの有名な監督、元監督、チームオーナーなどが亡くなっていることがショックになるわけじゃないですか。

エミン　レアル・マドリードの元会長のロレンソ・サンス氏も亡くなりました。それから、ワールドカップの元イングランド代表のノーマン・ハンター氏も新型コロナウイルスで亡くなっています。それだけではないですね、何人か関係者が感染しています。サッカー界、ひいてはスポーツ界の受けた被害も尋常ではありません。

渡邉　日本人はお人よしだからすぐに忘れてしまいますが、海外の人たちは、そういった国の誇りみたいな人物が新型コロナウイルスで亡くなったことは忘れません。世界は恨みを忘れません。

エミン　日本もオリンピック延期で大きな被害を受けていますよ。なぜその怒りが中国に向かわず政権批判ばかりに向かうのかよくわかりません。

渡邉　今回の出来事のすべての原因は、中国の隠ぺい体質ですよ。武漢で感染爆発が起きたときに、すみやかに明らかにして、世界で知恵を出し合ってこれに対処していれば、現在の状況を招かなかった。これは人災です。主犯が中国とすれば、共犯はＷＨＯでしょう。

エミン　隠ぺいもそうですし、すでに新型コロナウイルスがヒトからヒトに感染することがわかっていたのに人の移動を止めずに全世界に広げてしまったことに対する責任は重いという一言で片付かないほどです。これはもう意図的に広げたとしか私には思えませんし、これからもそう言い続けますよ。ある意味これは、バイオテロリズムといっていい。彼ら自身が生物兵器としてつくったとは思ってはいませんが、わかった時点で隠ぺいしようとしましたし、止めようとしなかったんですからね。春節のときに観光客を全世界にばらまいた。これは理性のある国家であれば普通はあり得ない話ですよ。

渡邉　中国共産党が指示をすれば、すぐに国境を、飛行機を、自国民を止めることができるんですから止めればよかったのに。

エミン　「急なことでできなかった」なんていうのは言い訳に過ぎません。日本や台湾には何かあるとすぐ報復で、「観光客を止めるぞ」と脅しをかけるじゃないですか。ああいう独裁国家だから上が「行くな」と言えば、すぐに止まるんです。現にＴＨＡＤ（終末高高度防衛）配備をめぐっての報復で韓国への団体旅行を止めたわけですから。

渡邉　新型コロナウイルス感染対策で、今（２０２０年6月現在）は人の移動は止まっていますしね。

エミン　止められるのにそれを止めないで、全世界に拡散、拡大させた。どう見てもわざとしかと思えません。これはもう完全に犯罪行為といえるでしょう。おそらくは、自分たちがひどい目に遭っているんだから、全世界にも同じ目に遭わせてやれという発想だと思います。

国際都市・香港の機能が東京へ来る

渡邉　少し、香港についても触れておきましょうか。読者の関心からすれば、香港の独立がなるか否か、という話でしょうけど、私はそれに関しては完全に悲観的です。いや、不可能に近いと思います。そもそも、香港を独立体とするだけのパワーを、現在、どこの国も持っていません。事実上、独立国である台湾とそこが大きく違います。もしあるとすれば、イギリスが、「一国二制度が守られていない、契約不履行で、国際法上の約束に反している」として返還自体を無効にすると宣言してしまうことです。それは行おうと思えばできるのでしょうが、それだけのことをイギリスが戦争覚悟でできるかといえば、どう考えても可

能性は限りなくゼロに近いと思います。第一、イギリス側にメリットはないでしょう。

エミン 実行できないですね。

渡邉 できません。それが起きるとすれば、先ほどお話をしましたように、南シナ海で短期的軍事衝突が起きて、戦後賠償みたいな形で香港を中国から剥ぎ取る。ただ、その場合、参加した各国が利権を奪っていくことになり、香港独立という形になるかどうかはわかりません。私は南シナ海での短期的軍事衝突の方向にはいかないと思います。

エミン これはもう中国に香港を渡した時点で終わってしまった話です。中国は、新型コロナウイルスショック後、中国当局に不利な報道ばかりするからといって、『ニューヨーク・タイムズ』『ウォールストリートジャーナル』『ワシントンポスト』などの記者から許可証を取り上げ、国外退去を命じているじゃないですか。「今後、中国での取材活動を禁ず」と。もちろんその「中国」には香港も入っています。つまり香港は中国の一部であるということを世界に宣言しているようなものなのです。

現在の鼻息荒い中国からすれば、「香港に手を出す者は、北京を侵略する者と同等と認識して対処する」くらい言いだす気満々ですよ。

渡邉 日本企業としては、香港の一国二制度ってものすごい意味があるわけです。中国の国内法上、中国国内のデータは国外に持ち出せないんですよ。ですからNTTもそうなんですが、ほとんどの日系企業とヨーロッパ企業の中国支社のデータセンターは全部、香港に置いてあるんです。クライアントがたとえば上海にあったり、中国のいろいろな都市にあっても、データは全部、香港で集約管理してるんです。なぜかっていいますと、単純な話で、中国に盗られると困りますから。中国本土には危なくて置いとけないんですよ。しかし、香港が今後、デモだ、暴動だ、鎮圧だ、内戦だ、ということになり、都市機能が開店休業状態に陥ってしまうと、このデータを置いておくこともできなくなります。となれば、どうするんだってことを考えておかなくてはいけません。最悪の場合、中国に盗られないようにデータセンターごと燃やして帰ってくるしかないという声もある。これは決して現実離れした話ではなくて……。

エミン　結果的に香港が機能停止になる、あるいは完全に中国共産党のコントロール下に入るとなると、海外資本は一気に脱出を開始するでしょう。今までアジアの金融ハブを香港が務めていたわけですから、どこかがその役割をやらなきゃいけません。

それはシンガポールかなっていわれていますが、もちろん、そういう見方もありますが、私は東京がやるんじゃないかなと思うんですよ。

渡邉　現実的にいえば3分の1ぐらいがシンガポールで、3分の2ぐらい東京かもしれないですね。

エミン　そうですね。もちろん、シンガポールも完全になくならないわけです。ただ、国の規模にしても、インフラ、それから国力にしても、東京のほうが圧倒的に有利なはずです。シンガポールって決して民主国家ではないですからね。

渡邉　あそこは、結局は、華僑の街であるという点で、やはり中国の影響をもろに受けますからね。

エミン　チャイナのインフルエンス（影響）圏ですね。グレーターチャイナ（大中華圏）の一部と考えるべきか否かという議論もあるくらいです。私は一部だと思っていますが。

渡邉　私は、明るい北朝鮮って言っているんですけど（笑）。国家体制が。

エミン　そうなんですか。

渡邉　法律とかガチガチに厳しい管理国家じゃないですか。ある意味、すごく自由が制限されている。

エミン　なるほど。厳しいですね。ガムを所持しているだけで罰金。ガムを密輸したら、200万円近い罰金でしょ。ガムで罰せられる国家なんてないですよ、麻薬じゃあるまいし。で、麻薬所持者は最悪死刑。

渡邉　ガムをなぜ禁じているかというと、街を汚すから。だからシンガポールの街並みはどこへ行っても映画のセットのようにきれい。免税目当てにやってくる世界中のショッピング客相手のショーウィンドウ国家。

エミン　明るい北朝鮮（笑）。金持ちになった北朝鮮ですよね。人工国家ですしね。

渡邉　マレー半島の鼻っ面にありながら、マレー族を追い出して華僑がつくった人工国家ですからね。上海租界（1842年の南京条約により開港した上海に設定された租界――外国人居留地――）がなくなって香港だけになったときに、香港のバックアップ的にでき上がった人工国家がシンガポールです。ですから、上海の租界の逃げ場がシンガポールだったわけですよね、ある意味。

エミン　そうですね。

南北コリアの統一はあるのか

エミン　なんだかんだ言っても北朝鮮はしぶとく生き続けていくと思いますね。

渡邉　もし中国がこのままヤバくなってしまったら、北朝鮮はさっさと見切りをつけて、我々、日米英の味方になると思います。

エミン　じつは私もそう思っているんですよ。

渡邉　北朝鮮をこちら側に引き入れると、韓国が陸の孤島になりますね。大陸に取りあえず橋頭堡（きょうとうほ）を置くことになりますし、ロシアと中国と韓国の間の3点を押さえる緩衝地帯をつくることができるわけです。ロシアにも面している、中国にも面している、韓国にも面している。緩衝地帯としては韓国なんかよりも、よっぽど価値があるわけですよ。

エミン　おまけにあそこはレアアースがたっぷり埋まっている。ウランも採れる。砂利も良質ですしね。

渡邉　だから、レアアースをモデルにしたファンディングをして、レアアースの利益を国内に還流するような仕組みをつくってやれば、国の基礎的な収入源にもなる。しかも、ベトナムよりも人件費は安くて生活のレベルが低いので、底上げが楽なんですよ。人口も2300万人しかいませんし。

エミン　私は韓国も仲間になると思います。現在は、親北・親中政権だけれども、今回の新型コロナウイルスの感染の原因を考えれば次も左派政権ということはないでしょう。文在寅大統領の任期もあと2年ですからね。その間、韓国の経済状況は回復不可能なほどに落ち込むはずです。ＩＭＦ（国際通貨基金）も匙を投げていますし。次の政権は日米との関係改善が急務となると考えます。

渡邉　文政権では経済の回復は程遠いとは思いますが、新型コロナウイルスショックが終わるまでは韓国のデフォルト（債務不履行）は回避されるでしょう。もし韓国が潰れれば、たちまちＡＳＥＡＮ（東南アジア諸国連合）諸国にも波及しますし。そんなことはアメリカも避けたい。

エミン　アメリカがさせない。

渡邉　もしデフォルトさせるなら、平時にさせますよ。

エミン　私もそう思います。現在はそのときではありません。生きていてもらわないと困ります。

渡邉　とりあえず朝鮮半島の統一はこの先、50年はありません。ひょっとして１００年先もないかもしれません。

エミン　まずアメリカが許さないでしょう。朝鮮半島にバッファーゾーン（中間地帯）は絶対に必要ですから。これは気の毒なことかもしれませんが、歴史的、地政学的にそうなっています。逆にいえば、バッファーゾーンだから受けてきた恩恵もあるわけです。現に、アメリカの要請で日本はこれまで何度も韓国にお金を出していまする。技術支援もいっぱい行ってきました。「反共の防波堤」という役を負わせているという思いがあるからこそ、韓国のわがままを聞いてきた部分があります。

韓国だって本音の部分では、統一を望んでいないでしょう。平壌に住んでいる党の幹部やエリート層は別にして、一般層は貧しくて教育程度も低い。それらを食べさせなくちゃいけないいんですよ。インフラ整備だ、共通通貨の発行だ、と考えてみたらコストは膨大。おそらく、韓国の国家予算の何倍かは使わなくちゃいけなくなります。

統一ドイツもかなり苦労しました。現在もその後遺症を引きずっているわけですから。西ドイツは世界第2位の経済大国で、東ドイツは社会主義国の優等生といわれていました。そのドイツですら、ですよ。統一後のコリアが抱える疲弊はドイツの比ではないでしょう。

渡邉　一方の北朝鮮も統一なんてぜんぜん望んでいません。

エミン　望んでないですよね。38度線で韓国と睨みあっているという建前があるからこそ、彼らは鎖国を維持し人民を隷属させ王朝を延命してきました。もし、統一してソウルの街並みを見せてしまったら、指導者の言ってきたことは一体、何なのだということになります。アメリカの傀儡(かいらい)国家で、資本家に搾取された貧しい人民はどこにいるんだ、と。

渡邉　よくも悪くも、北朝鮮というのは将軍様を尊敬する一種の統一国家なんですよ。天皇制をモデルにしてつくられた人工国家だといわれていて、一種の「神」を戴いているんですね。その下に統治体を置いているという構造で、これは非常に人心の掌握は楽なんですよ。

北朝鮮は、金王朝そのものは存続させるものの、下に民主議会をつくるっていう日本型統治モデルを使えば、コントロールしやすいんですよ。ところが、韓国は大統領制でしょ。北と南が合併したとしたら、君主の下に大統領がくるといういびつな政体ができあがってしまいます。あるいは、韓国大統領を首相に格下げしても、要は北の体制の中に南が取り込まれることになります。それで南の、韓国の人たちは納得するでしょうか。

エミン　おっしゃるとおり。一方で、北側は党幹部ら一部エリートの子弟を除いて教育程度も低いし、職業選択の自由のない社会に生きてきましたから、職業スキルというものがありません。北朝鮮のような全体主義国家の国民は、たとえば、マスゲームのような、あいうカチっと型にはまった作業はうまいのですが、応用が必要な分野は不得意なんです。応用なんてしたら、「将軍様の卓越したご指導」に逆らってしまうことになりますから。だから、技術が先に進まない。命令されたことしかできないわけです。

統一してしまうと、どうしても1等国民と2等国民というような階級もできてしまう。別に法律でそう決めなくても、国民の間に自然とできます。現実問題として、現在、韓国国内で脱北者がそういう状況にあるわけです。安い労働力として、劣悪な環境に置かれています。

渡邉　戦後台湾の悲劇は、国民党軍とともに大陸では食うや食わずの外省人がどどっと入ってきて、支配者になってしまったことです。

もともとの台湾にいた人たち（本省人）は日本統治時代の教育を受けていました。高等教育を受けた人だって少なくないし、衛生観念もしっかりと持っていました。外省人のなかにはそれこそ読み書きのできない人がゴロゴロいたわけです。

つまり、支配する側が支配される者よりも民度が低く教養が低かったという悲劇です。それが原因で台湾では大虐殺が始まります。日本時代の教育を受け、明日の台湾を担うインテリやテクノクラート予備軍がことごとく投獄され処刑されたのです。

エミン　毛沢東もポル・ポトもそうですね。まずインテリから先に殺すのが独裁者の常道です。なぜなら、インテリは将来、自分を脅かす存在になるわけですから。

渡邉　そこまでの悲劇は起きないかもしれませんが、統一後、どこかの時点で南の人たちの北に対する不満が噴出するでしょうし、北は北で南に対する不満が出て、金王朝を引きずり下ろす反体制運動が起きる可能性も大いにあります。そう考えると金王朝にとっても統一は何のプラスもないんですよ。だって、大統領弾劾のろうそくデモが起きたり、大統領が順番に死刑になっちゃう国ですからね。あのろうそくデモは、裏で北のエージェントが扇動していた面もあるでしょうが、金正恩からすれば、してやったりの反面、警戒と猜疑の対象でしょう。扇動にすぐ踊る愚かな民衆なんて逆にいえば恐怖でしかないわけです。文在寅にしても、これだけ将軍様に尽くしたんだから、統一後は米韓離間の功績を称えられて党の重要ポストは確実だろうなどと考えていたとしたらおめでたい限りです。まっさきに粛清されますよ。「国を裏切るようなやつはいずれ自分のことも裏切るに違いない」と金正恩なら思っているはずです。彼のおじいちゃんの金日成はそうやって、かつての同志を次々と始末していきました。

同じようにね、歴代の中共の指導者が一番軽蔑しているのが、自民党内の媚中派です。

エミン　まったく、おっしゃるとおりだと思いますね。反対に安倍首相のことは手ごわいやっと思って一目置いているかもしれません。

トランプは金正恩に王朝維持を持ち掛けた？

渡邉　金王朝が安定した政権として、いわゆる立憲君主制的な国家として存続するには、現在の状態で、下に民主議会をつくるという日本型統治モデル、GHQがかつてとった方法ですね、これがベストな回答なんですよ。

２０１８年、トランプが金正恩と1回目の会談をしたとき、提示したのがそれなんですよ。金王朝の存続は保証する。ただし、下に民主議会をつくって民主化させていくつもりだ。民主化するまではアメリカが統治する。

エミン　つまり、金さん、あなたはお神輿に座っていればいい。そうすればあなたとファミリーの命は保証する。民主化が完了するまで、アメリカが管理するから、ってことですね。まあ、それで納得したかはわかりませんが、理解はしたでしょうね。金正恩は思いのほかクレバーな男ですから。

渡邉　一方の当事者のつもりの文在寅の頭越しにそんな話し合いがありました。エミンさんの言葉を借りれば、文さんはポーカーのメンバーではなかったということですね（笑）。

エミン　実際、北朝鮮に投資すれば、ものすごい勢いで発展すると思います。だって、鉱物資源はあるし水源も豊富で、観光開発も十分余地がある。もともと基本のインフラもそんなに悪くない国ですから。国民の教育に時間はかかりますけどね。

渡邉　基本的に北朝鮮のインフラって、旧日本統治下のモデルを現在もそのまま使っているんです。国章にも描かれている水豊（すぷん）ダムは併合時代に造られたもので、当時は東洋一の規模を誇るものでした。日本人というのは、内地よりも外地にいいものを造るんですよ。この75年前に造られた水力発電所を北朝鮮は今も現役で使っています。

国のモデルも日本そっくりなんです。今回話題になっているBCGも併合時代に入ってきた日本株を使っています。ですから北朝鮮には感染者が少ない、という話もあるくらいです。ちなみに、旧ソビエトも日本株に近いものを使っています。最初は感染者が少なかったのですが、6月現在、感染が広がっているのはまた日本とは別の理由があるのかもしれません。アジア・オセアニアと異なり、高い感染力を持つ病毒性が強い流行株が出現したという説もあります。ちなみにドイツでいうとベルリンの壁のこっちとあっちでは感染者数、死亡者数がぜんぜん違いました。旧東ドイツ側はロシア株を打っていますから。東欧諸国とそれにトルコがロシア株だったと思いますね。

エミン　ということ、韓国は違う型の株なんですね。一度感染爆発を起こしていますし。ワイドショーなんか、さんざん韓国のコロナ対策は優秀だ、日本も見習え、教えてもらえと言っていましたが、私は日本のやり方のほうが優秀だと思います。もちろん韓国の感染爆発後の対応も素早く高評価です。

渡邉　とりあえずは、コリアの南北統一はないということで意見は一致したということで、この項は終わりにしましょう。

日本浮上は歴史の必然

エミン　コロナショックが日本再生の鍵になるなどというと、まるで人の不幸を喜んでいるみたいで決して口に出すべきことではありませんし、それは裏側から見ての事実でしかありませんし、本来、言いたいことはニュアンスが違うんですが……。要するにこれは歴

史の必然だということです。これはもともとの流れとしてあった。中国からのデカップリング（切り離し）というものは、あるいは米中新冷戦というものは、そのなかで日本が再浮上するということは、もう、歴史のシナリオとしてすでにあったわけですよ。

ただ、ある意味、どうやってそれが起きるのかってていうのは目に見えなかった。もしくは、どういう過程でどういうプロセスを通じて起きるのか見えなかった。しかし、今回、それが見えた。しかも加速したんです、流れが。

渡邉　回路ができたってわけですね。確定したというか。

エミン　そういうことです。

渡邉　とにかく歴史は繰り返す。歴史の必然というものがあるわけです。グローバリズムとナショナリズムの揺り戻しというのは定期的にずっと起きてきて、世界の覇権争いというのも人類の歴史とともに何度もあり、地政学的な対立や分断という流れもずっと繰り返し起きている。こういう大きな時の流れのなかでは、一気に成り金的に拡大する国もありますが、急速に拡大した国ほど没落が早いんですよね。

エミン　ですから、私のシナリオとして、もちろんパンデミックというのは想定外であったのですが、リーマンショックを超える規模で何かが起こり、中国バブルが崩壊すること、もしくは、台湾か南シナ海をめぐってアメリカと中国が軍事衝突するというシナリオ――何かによって、このプロセス、この歴史の流れっていうのは加速するのではないかと何となく思っていたわけですが、まったく予想もしていなかったこの新型コロナウイルスで……。

渡邉 確定した。

エミン そう、確定したっていう流れです。つまり、出発点があって終着地点もあらかじめ決まっている。どのルートをたどって目的地に向かうのかと地図を見て予測を立てる。山を越えて行くか海岸線を行くか。いくつか地図に線を引いてみましたが、まったく予想もしなかったルートで現在、目的地に進んでいます。そのルートは意外なショートカット（近道）だった、ということです。

渡邉 エミンさんは著書のタイトルに「日中新冷戦」という言葉を堂々と入れ、「米中間の貿易戦争は単なる前哨戦で、かつての東西冷戦に代わる新しい冷戦構造が生まれる。世界は二分化される」と書かれたわけです。新型コロナウイルスこそ予言されていませんでしたが（笑）、現在はその予測どおりに進んでいるということです。この予測のまま進めば、日本は再浮上どころか、日本を世界の中心とした時代が来る、ということです。

エミン　そうです。新型コロナウイルスショックの初期のころ、本（『米中新冷戦のはざまで日本経済は必ず浮上する』・弊社刊）のタイトルを見て、「日本が再浮上だって？　再浮上どころか、新型コロナウイルスショックで世界経済ごと大沈没じゃないか」という人も確かにいました。ところが、日本で感染者が拡大し始めてから以降、一時は落ち着いていた本の売り上げがまたグンと伸びているらしいんです。

ああ、自分の予想は間違っていなかったなあと（笑）。それと、こういうときだからこそ、みんな明るい予想を読みたくなるのかもしれませんね。自粛続きで、家で本でも読もうかなという人が増えたのも影響していると思います。その意味でいえば私の著書は運が強い。

渡邉　強運。まるでトランプのような本（笑）。でも運もまた実力ですから。

エミンさんもお感じになっていると思いますが、こういう予測というのは大胆なもののほうが当たるんです。私も2、3年前からバンブーウォール（竹の壁）、バンブー・カーテン（竹のカーテン）が下りるよって、著書の中でずっと訴えてきたわけですけど、当時はキョトンとされることのほうが多かった。でも現在それを非現実なことという人はいませんん。私も予測には自信を持っていましたが。では、それがどういうきっかけで、そういう形で下りるのかっていうまでは……。

エミン　見えなかったですよね。

渡邉　何かが起きるというのは言えるのですが、それが何かっていうのがわかりませんでした。まさか疫病とは……本当にきつねにつままれたような話です。確かに、歴史的に見ても疫病というのは人の流れを遮断する一番の大きな要素であるわけですね。それによって、大きな因縁めいたものというか、戦争よりもたちの悪い、国民全員を巻き込んだ形の心理的効果も生まれていく。非常にネガティヴなね。経済的にももちろんマイナスで。

エミン　こういう言い方すると脊髄反射を見せる人もいるでしょうが、戦争の場合は経済は動きますからね。むしろ工場とかがガンガン動くわけですよ。生産をどんどん上げて、経済が回っていく。体の中の血流が活性化されるように。

渡邉　戦地以外は動くんですよ。戦時生産が始まるから。軍需産業で雇用もどんどん生まれるわけです。ところが、疫病は違うわけです。この新型コロナウイルスショックでは、世界中がストーンと電源を切られたように止まったわけですから、これはダメージが非常に大きい。

エミン　心理的なショックも大きかったと思います。各国の反応を見ても、アメリカは朝鮮戦争中の1950年に成立した国防生産法を引っ張り出して、ゼネラルモーターズに対して人工呼吸器を生産するように命令を出していますし、メルケルにしてもマクロンにしても早々と非常事態を宣言しました。

第2次世界大戦以来の出来事だといわれていますね。国の動かし方も、まさに宣戦布告と同じような動かし方をやっていますからね。だから、実際には戦争は起きてはいませんが、戦争が起きたようなエモーショナルショックを与えていると思いますよ。

渡邉　ショック・ドクトリン（惨事便乗型資本主義）。「真の変革は、危機状況によってのみ可能となる」と主張する徹底した市場原理主義ですよ、ある意味。一言でいうと、世界中が一斉に戒厳令を敷いたわけですから。

エミン　おっしゃるとおり。これまでの歴史にはないんじゃないですか。こんな、全世界が一斉に非常事態、緊急事態を宣言したのは。人類規模ですから。ＳＦの世界の話が現実に起こった。宇宙人が地球に攻めてきたような、そんな体験を21世紀に生きる我々がしている。

渡邉　結局、この疫病のたちの悪いところは、他人と交際してはいけないという話になってしまっているところですね。密接な距離をとっちゃいけない、人とつき合っちゃいけない、飲みに行っちゃいけないという。お店に行っても、レジの周りは透明のビニールシートでカーテンされていたり。お釣りも手渡しされません。人と人との間が遮断されてしまう部分があるわけじゃないですか。

まして、異文化、異業種、たとえば外国人となれば、目に見えないバリアーはより強固になるわけですよ。我々アジア人がその対象になってしまうのですが、ヨーロッパでアジア人が歩いていて、差別的な言葉を投げかけられたり、わざとらしく避けられたりした事例も少なくない。一般の欧米人から見れば、日本人も中国人も韓国人もベトナム人も一律に東洋人です。見分けられる人なんてごくわずかでしょう。

もっとも、日本人だって、昭和の真ん中あたりまでは、白色人種を見れば、一律に「アメリカ人」と決めていたのですから、おあいこですが。ラテン系もアングロサクソンもロシア系もとりあえずは「アメリカ人」（笑）。もっとも、他民族国家で、それらが全部混じっているのがアメリカですが。

エミン　日本商店が悪質な落書きの被害にあったりしていますね。ニューヨークやロンドンといった大都市はもともと人種のるつぼですから、そこまで露骨ではないかもしれませんが、地方に行くとキツいんじゃないですか。パリに関しては、移民との間のトラブルがしょっちゅう問題になっていますから、非白人に対する風当たりは強いところがあるかもしれません。

渡邉　そういう人種間、国籍間での疑心や嫌悪が、世界的に広がってしまっているという状況ですね。たとえば、現在の時点でいえばイタリア人。ヨーロッパではね。イタリア人がヨーロッパの他の国に行こうとすると拒絶されます。イタリアは最初に感染爆発した国ですから。そういう意味からいえば、むしろイタリアは被害者なんですけどね。

エミン　ですから、渡邉さんがおっしゃっていた、安倍首相が「アビガンは世界を救います」というメッセージを発することの意味が大きくなるような気がしますね。

アジア人である日本の首相がそれをすることで、偏見にさらされている多くのアジア人が救われることでしょう。アジアの新興国は日本により信頼を寄せるようになり、結果的に彼らを中国の引力圏から引きはがすことにもなります。

渡邉　アジアを救って中国から離れさせることは、世界を救うことですからね。

「アビガンももちろんのこと、アクテムラもフサンもイベルメクチンも全部、日本で開発されました。これらはどれも新型コロナウイルスに効果があると実証された薬です。とりあえず、それらの薬で世界を救う準備はできました」

こんな感じのスピーチでいいと思うんですよ。それで最後に、「東京オリンピックを人類勝利の祭典にするためにがんばりましょう」で締めくくる。

エミン　おみごと。

転換期を迎える中東

エミン　中国が倒れたら、もしくは中国が弱体化すれば、中国寄りの政権というのは当然ながら弱体化していかざるをえないので、私はそれに非常に大きな期待をしています。というのも、中東情勢にも大きく影響してくるからです。

たとえば、イラン。中国が一番、支援している国です。アメリカとヨーロッパからの経済制裁以後、イランは中国とますます関係を密にしてきました。中国にとってもイランは一帯一路の中東への入り口ですから、とても重要な地域といえます。そのイランですが、中東でもっとも早く新型コロナウイルスに汚染され、断トツの感染者数を抱えているわけです。インフラ建設に多くの中国人作業員や技師がイランに入っており、彼らがウイルスを持ち込んだと言われています。そのためか、ここへきてイランの保健省の報道官が「中国は世界にひどいいたずらをした」とか「中国の示すデータや数字をあてにはできない」などと中国批判の発言をしていて、ちょっと関係が微妙な感じでもあります。中国べったりのイランでさえ、新型コロナウイルス騒動ではかなり中国に対して頭にきているということです。

渡邉　原油の暴落が、コロナ禍で加速していますね。世界で産業がストップしているから供給が需要をはるかにオーバーしてしまっている。おまけに原油は牛の乳と同じで、生産を止めるわけにはいかない。置いておくところがないから、原油を満タンに詰めたタンカーが洋上で足止めをくらっている状態。こんなことも、今までだったら想像もできない光景でした。

エミン　原油の価格競争というのも、もとはといえば、サウジアラビアがイランに仕掛けたケンカだと認識しています。イランも革命から40年、現体制のシステムもほころびも目立ってきましたし、そろそろ大きな変革が必要だと思っています。この新型コロナウイルス問題がそのトリガー（きっかけ）になるかもしれません。

渡邉　どちらにしろ、アフターコロナには中東も転換期を迎える。その兆候はイランからの可能性が高い。

エミン　そう。ですから、イランの革命政権が倒れて、イスラム主義政権が倒れて、より世俗主義的で民主的な政権が生まれてくることに大きく期待したいし、それは起こりうると思っているんです。もう、その局面は来ています。

イランの現政権も中国ほどとはいえませんが、監視体制が非常に強い。だから両者は相性がいいとも言えますが。

渡邉　イスラムの強権派というのは、じつは共産主義と親和性が高いんですね。宗教を否定している共産主義がなぜ、と思われるかもしれませんが。共産主義自体がかなり原理主義的な宗教だと私は、思っていますから。

エミン　原理主義というと一般の人はテロリストやゲリラをイメージするかもしれませんが、それはごくごく一部の過激分子です。ただ、今お話をしました、シーア派的な、宗教が政治までコントロールするような強権的なスタイルは21世紀を宗教とともに生きていくためには変革を余儀なくされていくでしょう。

そのために有効なのが、トルコ・モデルだと思うんですよ。トルコがこれまでやってきた穏健派の、世俗主義。イスラム教と民主主義の両立です。本来は世俗主義を始めたトルコがイスラム教徒が多い国々のモデルになるべきだと思っているんです。

しかし、現在、その自由なトルコをエルドアン政権が原理主義的に変えようしているので、それが良くないんです。だから現政権が倒れたら、トルコも原点回帰で元に戻ります。

渡邉　トルコはスンニー派でしたね。

エミン　ええ。スンニー派が圧倒的多数です。全イスラム教徒でも主流はスンニー派なんです。シーア派との違いを一番わかりやすくいえば、政治体制の違いです。宗教的指導者が政治を主導するのがシーア派です。一方のスンニー派は世俗主義で、トップの王様、あるいは議会で政治を動かしていく。

渡邉　中国が倒れたら、中東も変わる。

エミン　そう。エルドアン政権も中国寄りの政策ばかりをやってきました。長年ウイグル人の権利を守ってきたトルコがエルドアン政権になってからウイグル人に背を向けました。中国政府がウイグル人の民族浄化を加速させたのはトルコの責任が重大です。トルコが声をあげれば中国のナチス的なウイグル人弾圧を止めることができた可能性が高い。このことはトルコ国民も言っています。したがって、必然的に政権交代が起きますので、そうなると、また中東も落ち着いてくる可能性があります。もともとトルコはアメリカとも仲が良かったですからね。

エルドアン大統領は非世俗主義のほうへハンドルを切ろうとして、国民の支持を失ったという経緯があります。

渡邉　親中国といっても、イデオロギーや宗教で中国につながっているわけではありませんから。基本的には、中国はこれまでお金があったからみんなが寄って来ているわけで、それがなくなればね。アメリカに睨まれてまで中国の道連れになろうという国がどれだけあるだろうかという話です。

エミン　ですから、中国が弱体化すれば中国のミニオンたちも倒れる。あるいは去っていく。

あれだけ大騒ぎしておいて、今ではすっかり新型コロナウイルスの陰に隠れてしまいマスコミも忘れているようですが、今年（2020年）の新年早々、イラン革命防衛隊のソレイマニ司令官がアメリカ軍の無人飛行機の攻撃を受けて殺害されました。「アメリカへのテロを計画している」という理由で。あれはすごい出来事だったと私は思っているんですよ。中国寄りの政権に対してアメリカはもう容赦しないっていう、トランプのメッセージだったのではないかということです。

それはアメリカ国内でも同じかもしれない。ここへ来てオバマゲートが出てきたのは、ものすごく象徴的です。

渡邉　クリントン夫妻もチャイナマネーとズブズブだったことは知られていますし、対中国の姿勢を問う今度の大統領選でどう転んでも民主党の目はないですね。

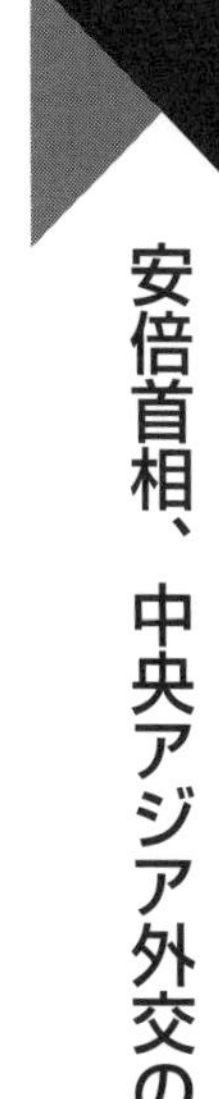

安倍首相、中央アジア外交の真意

エミン　日本ではほとんど中央アジアのニュースって扱っていないようですから、ここでひとつ。ウズベキスタンの議会で、ウズベク語以外の言葉を使う公務員を罰する新しい法案が出されたそうなんです。日本ではちょっと感覚的によくわからないかもしれませんが、ウズベク語以外の言語というのはすなわちロシア語です。

ソビエト崩壊から30年で中央アジアの脱ロシアが最終局面に突入したということです。ロシアと離れる覚悟を示したということは、ロシア最大のパートナーである中国からも離反することを意味しています。こんなところからも世界の流れが大きく変わり始めているのがよくわかります。中露の弱体化を周辺国はしたたかに見守っています。歴史的に大国に翻弄されてきた人たちですからね。

渡邉　エミンさんは著書のなかで、中央アジア5カ国を巡った安倍首相の外交センスを高く評価されていましたよね。

エミン　ええ。日本は莫大なＯＤＡ（政府開発援助）を中央アジアに投じておきながら、今まで日本の首相はこれらの国を外遊ルートから外してきました。そのことについて私はなんてもったいないことだろうと考えていました。

ウズベキスタンは地形的にいいますと、四方をすべて国境で囲まれ、海に出るにはふたつの国を通らなくてはならない内陸のなかの内陸の国です。国民の移動手段は主に陸路、鉄道です。首都タシケントと第一の産業都市であるマルギランに向かうには、一度タジキスタンを経由するルートしかなかった。ところが、この両国（ウズベキスタンとタジキスタン）は旧ソ連時代にあまり仲がよくなかったんです。そんなわけで、ウズベク人からすれば、タジキスタンを通らない鉄路がどうしても欲しかった。しかし、それには標高２０００メートルのカムチャッカ峠――峠と呼びますが、山ですよね――が邪魔だったんです。しかし、中国の鉄道会社の技師団がその山のど真ん中を掘ってトンネルを開通させてしまった。これにはウズベキスタンの自己資本10億ドルのほか、中国輸出入銀行が３・

5億ドル出資しています。いうならば、ウズベキスタンは中国に借りがあるわけです。また、事実上、3・5億は借金ということになります。

渡邉　はい。いつもの中国のやり方ですね。

エミン　じつは、ウズベキスタンの鉄道の線路の幅はロシアゲージで、中国の線路のゲージとは異なり、中国の列車はそのままウズベクスタンの線路に乗り入れることができないわけです。ところが、トンネルの開通後、中国は、こちらの線路の幅に合わせろと言ってきた。ウズベク人はそれだけは断固拒否しています。彼らはウイグルの悲劇を知っていますから。

ウズベキスタンやカザフスタンのスタンというのは「土地」のことです。「ウズベキスタン」というのは「ウズベク人の土地」という意味です。ウイグルは昔、東トルキスタン共和国という独立国でした。トルキスタンは「トゥルク＝トルコ系人の土地」を意味します。

中国人が鉄道を利用し、人民解放軍の兵士や戦車を送り込んできたらウズベキスタンはあっという間に占領されてしまうことでしょう。ウズベク人が中国と鉄道をつなげることに断固拒否しているのは、その恐怖をよく理解しているからです。

渡邉　実際、青蔵（せいぞう）鉄道の開通で中国のチベット侵略は完了しましたから。兵士を送るまでもなく、大量の中国人を送り込んでしまえば占領は簡単ですし。気がつくとウズベキスタンの首都は簡体字の看板であふれている、なんてことは冗談ではなく、そうなりかねません。

エミン　トンネルの開通は2016年。それを見透かしたかのように、前年の2015年、安倍首相は中央アジア5カ国を訪問、総額で3兆円規模のインフラ投資を約束してきました。これは中国の出鼻をくじくみごとな一手でした。

安倍首相はウズベキスタンとの間で成田との直行便を決めました。今回のコロナ禍では日本人はその直行便ルートで日本に帰ってきました。ウズベキスタン航空が日本のためにわざわざ特別便を飛ばしてくれたのです。こういうことは、マスコミがもっとしっかり報道すべきです。首相が外交で飛び回っているのを、ワイドショーなんかは、さも観光気分で浮かれているかのように面白おかしく伝えています。

渡邉　しかし、視聴者のワイドショー離れは確実に始まっています。自粛や在宅ワークで家にいるサラリーマンがたまたま家人と一緒にワイドショーを観て、内容のあまりにもひどさにSNSで声を上げ、共感の輪が広がっているようです。

エミン　安倍首相は2014年、アフリカも歴訪していますね。ご承知のように、アフリカ諸国もチャイナ・マネーに冒されています。むろん、アフリカ訪問の意味もそこにあるわけです。エチオピアでは、１９６４年東京オリンピックのマラソン銀メダリスト、「裸足の哲人」として日本でも人気のあったアベベ選手のご子息と会談しています。令和の東京オリンピックに向けてのいいムードづくりだったと思います。またエチオピアはＡＵ（アフリカ連合）の本部があるということも含め、全アフリカの窓とも呼ぶべきところです。ここに日本の首相が積極的なアプローチをしたというのは大変重要なことです。

地上波の偏向報道がパニックをあおっている

渡邉　新型コロナウイルス騒ぎが始まって以来、マスコミ、とりわけ地上波では偏向報道が目立ちますね。まるで日本の感染者数が少ないのは、ＰＣＲ検査が行き届いていないだけで、実際の感染者はその１００倍いるとか、死亡者数が隠ぺいされているといった類の怪談話が白昼堂々、公共の電波に乗って垂れ流されているのは驚きです。

そもそも、医療機関が死亡診断書に嘘を書くことはありえませんし、死者数を隠ぺいしたというなら、その遺体はどこに保管しているのでしょうか。子供でも気がつく疑問です。これらの件に関してはプロの葬儀屋さんでもあるＹｏｕＴｕｂｅｒからも怒りの反論がありました。

要するにマスコミは政権批判をしたいがために、感染者や死亡者をダシにして、視聴者の不安を煽っているだけで、やっていることは非常に悪質です。

エミン　朝日新聞にこんな記事がありました。フランスとシンガポールの調査会社のリサーチの結果として、「自国政府の新型コロナウイルス対策に満足しているか」という問いに日本は25カ国中、最下位、つまり政府の対策ワースト1なのだそうです。で、１位が中国（笑）。以下、ベトナム（２）、アラブ首長国連邦（３）、インド（３）、マレーシア（５）……。死者数で１００万人に届こうとしているアメリカでさえ15位、ヨーロッパで最初に感染爆発を起こしたイタリアとイランが17位。

新聞の報道は明らかに、「日本政府の対応はこれらの国々よりも下、安倍政権は無能」という印象操作を狙ったような気がしてなりません。別に各国を比べて順位をつけたわけではなく、あくまで「自国のコロナ対策をどう思う？」というアンケートでしたからね。これだけ連日、政権に対するネガティヴ報道をしていれば、「不満足」と答える人が多いに決まっています。逆にいえば、中国のような監視国家では、「不満足」とは言いづらい。

渡邉　日本は、人口100万人当たりの死亡者数はアメリカの50分の1です。ニューヨーク市のマンハッタンなんか、一時は10分おきに救急車のサイレンが聞こえるなんて話もありましたが、東京や大阪ではそのようなことは起こっていないわけです。世界一の人口密度と言われる東京で、です。

むしろ、日本のコロナ封じ込めに関しては「ジャパンミラクル」といって世界が注目し始めています。いつも日本に対して辛口な論調の『ニューズウィーク』誌でさえそれを認めています。英BBCも「日本は最も健康的な国」と絶賛しているわけです。

エミン　当初、日本政府のマスク配布には冷笑的だったフランスも、今では日本を真似てマスクを配布することを決めたぐらいですからね。フランスはわりと初期にロックダウンを実施していますが、ちょっとした買い物をするにも外出許可書を携帯しなくてはならず、違反者は有無を言わさず罰金です。常習者にはなんと日本円にして18万円を課せられるとのことです。日本の場合は、あくまで、「自粛」であり、「要請」です。罰則規定はなく、みんな自主的に不要不急の外出を控えています。そういう日本人の公共心というものはもっと自己評価が高くてもいいと思いますよ。ちなみに先ほどの「政府のコロナ対策に満足しているか」のアンケートで、フランスは日本よりひとつ上の22位。つまり、下から2番目。もっともフランス人というのは、お上のいうことには逆らうものだというへそ曲がりな気質を持っています。このアンケートにも、そういった気質が反映されているのかもしれません。「外出くらい好きにさせろよ」といった感じで。罰金でも課して強制力をもたせないと、誰も規則なんて守らないのでしょう。

渡邉　つまり、それぞれの国の事情、国民性が自国政府への対応の満足度に反映されるわけですから、順位付けはあてにならないということですね。

とにかく、政権を叩けばなんでもいいというのがオールドメディアとそれに乗せられた大衆です。おそらく、そういう人たちは検査数を増やしたら増やしたでまた文句を言うでしょう。朝日新聞なんか、当初、コラムで「中国人を排除するな、ともに手を洗おう」などと書いておきながら、国内で感染者が出ると今度は「政府は水際対策を誤った」ですから。

日本の生活習慣を世界に広めよう

エミン　まだまだ予断は許しませんが、渡邉さんは日本の新型コロナウイルス被害が最小限に抑えられた原因はなんだとお思いですか。

渡邉　まず最初に国民皆保険制度があります。たとえばアメリカは皆保険ではありませんし、個人で加入する場合保険料が非常に高額です。医療保険に加入していたとしても、加入しているプランによっては高額な自己負担金がかかるケースもあります。アメリカでは新型コロナウイルスの場合は初期のころは検査だけで35万円、陽性反応が出て入院すると300万円もかかったそうです。途中からトランプが検査は無料にしましたが、それでも陽性反応が出て治療をするとなると、隔離ですから当然入院となって、庶民には払えない金額となります。

エミン　貧富の差が激しいですから、貧しい人たちはとても入院なんかできませんね。それから収入の低い階層の人たちは昔の日本の長屋のように寄り添うように生きていますから、ある家族が感染すると、その隣に住んでいる家族に感染する……というように、政府が勧めた「ステイホーム」によって新型コロナウイルスが蔓延していったともいわれています。

渡邉　次にハード面とソフト面で考えなくてはいけませんね。ハード面というのは、免疫学的、防疫学的な問題。つまり、欧米人に比べ、日本人にはウイルスに対する何らかの強い抵抗力が備わっていたのではないかという問題。ソフト面はいわゆる日本人の生活習慣、衛生観念の問題です。

ハード面においては、この対談で何度か話題になっているＢＣＧ、これに関しては政府・新型コロナウイルス感染症対策専門家会議の尾身茂副座長によると、現在のところエビデンス（確証）はないとのことでした。それとは別に、重症者・死亡者が少ないのは日本人には遺伝子レベルの秘密があるのではないかということで、慶応大学など８つの大学と研究機関が「コロナ制圧タスクフォース」という共同研究プロジェクトを立ち上げて調査に乗り出しています。国内の感染者６００人の血液を収集して全遺伝情報（ゲノム）の解析をするという大がかりなものですが、研究結果が出るのが早くても秋ごろになるとのことですので、ハード面の論評はそれを待つことにして、ここではソフト面、日本人の衛生観念や生活習慣について目を向けてみるというのはどうでしょう。

エミン　ええ。私も同じことを考えていました。

渡邉　まずよく言われるのが、日本人は欧米の人たちに比べて日常的な身体接触が少ない。挨拶でも、ハグしない、キスしない、シェイクハンドしない――日本式のおじぎはある程度、距離をキープしますからね。いきなり、相手のパーソナルゾーンに入り込むのは失礼だとされるのが日本の文化です。逆に西欧の人たちは、パーソナルゾーンに相手を入れることで親愛の証にしているのでしょうが。

エミン　そうですね。それから、土足で生活しないことも大きいかもしれません。靴の裏から新型コロナウイルスが検出されたという報道もありました。

渡邉　部屋に帰ると手を洗ってうがいして。できるだけ、外から持ってきた菌を家に入れない。入口でシャットアウトしてしまう。日本人は、子供のころから手洗いの習慣がついています。たとえば、小学校の校庭には〝水飲み場〟と呼んでいましたが、手洗いのための水道がありました。そこには全国どこの小学校でもミカンが入っているようなネット（ミカンネット）に入れた石けんが置いてありました。〝レモン石けん〟という製品名だったようです。こういった施設が身近にあることで、日本人は子供のころから自然に手洗いの習慣がついています。マスクもすっかり習慣になっています。日本は花粉症に悩む人が多いし、それでなくても、ちょっと寒いと防寒具代わりにマスクをします。マスクがファッションというか、人々の生活のなかに溶け込んでいるんですね。マスク不足になると、みんな手づくりのマスクを製作し、しかもかわいいマスクを工夫して、マスクづくり自体を楽しみとしてしまう。このあたり、日本の庶民の素晴らしいところです。手づくりマスクの本『増補改訂版　かんたんかわいい！　手作りマスク』（ブティック社）は２０１３年に発売された書籍の増刷版ですが、このマスク不足騒ぎでベストセラーとなりました。

エミン　新型コロナウイルス騒動が始まりかけた1月の下旬にニューヨークに行きました。当時はインフルエンザで亡くなった方が3万人もいることがニュースになっていましたが、誰もマスクはしていませんでした。また日本人はお風呂好きというのもありますね。多湿な気候のうえに、日本は水が豊富だから、入浴が習慣づいている。やはり今回の新型コロナウイルスの被害が少なかった原因と日本人の生活習慣や自然の恩恵というものは切り離せません。

あと、驚いたのは、日本人の防疫意識。それこそ江戸時代から疫病に関する研究が進んでいたということです。種痘は秋月藩の藩医だった緒方春朔（しゅんさく）が、寛政元（１７８９）年に大庄屋・天野甚左衛門の子供たちに人痘法で接種し成功させたのが最初です。そして明治。四方を海で囲まれた日本は開国で外国のものを一気に受け入れました。当然、日本にはそれまでなかったさまざまな病気も持ち込まれたわけですが、それに対する対処も早かった。北里先生がドイツのコッホ博士のもとに留学したのは、明治18（１８８５）年です。野口英世のアメリカ留学は明治33（1900）年でした。

渡邉　野口英世はお母さんをスペイン風邪で亡くしていますね。ちょうど英世が黄熱病の研究のためにエクアドルに滞在していたときでした。

宮沢賢治も最愛の妹がスペイン風邪に罹患しています（最終的な死因は結核によるもの）。彼は妹を看病しながら、故郷の父に毎日のように手紙を送っています。

「尚私共は病院より帰る際は予防着をぬぎ、スプレーにて消毒を受け帰宿後塩剥（えんぼつ）にて咽喉を洗ひ候。勇々御心配被下間敷候」

エミン　予防服は防護服のことですね。

科学者でもある賢治らしい貴重な記録です。「塩剥」というのは塩素酸ナトリウムの俗称で、当時からうがい薬として使われていたようです。

渡邉　かと思えば、他の手紙には、「但し往来には仁丹を少しつゞ噛み、帰宿後は咽喉を漱（そそ）ぎ」と書いてあります。仁丹に伝染病予防の効果ありと考えられていたのでしょう。

エミン　面白いですね。それ聞いたことがあります。薄荷（はっか）の成分に除菌効果があると思われていたかもしれませんね。

渡邉　スペイン風邪は感染力が非常に強く、看病する家人が次から次へと病に倒れたそうですが、宮沢賢治は妹を熱心に看病をしたにも関わらず、科学的な知識があり、細心の注意を払っていましたから、感染することはありませんでした。

11人の子持ちだった与謝野晶子は、ひとりの子供が罹患したために家族全員がスペイン風邪にかかってしまいました。家庭内感染です。その体験を踏まえて彼女は、「政府はなぜいち早くこの危険を防止するために、大呉服店、学校、興行物、大工場、大展覧会等、多くの人間の密集する場所の一時的休業を命じなかったのでしょうか」と政府批判の一文を寄せています。むろん、彼女は医学の専門家ではありませんが、流感には密集を防ぎ、場合によっては人の集まる場所は閉鎖すべきだと説いています。大呉服屋というのは、たぶんデパートのことでしょうね。

エミン　今も100年前も変わりませんね。

渡邉　スペイン風邪は相撲部屋でクラスターが発生し、〝力士病〟と呼ばれていたそうです。

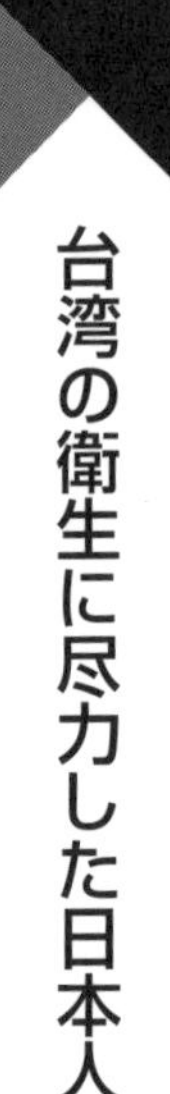

台湾の衛生に尽力した日本人

エミン　よくテレビでは、韓国の新型コロナウイルス対策を見習うべきだ、なんて話をしていますが、感染者の個人情報を公開したり、ＧＰＳで行動を監視したりするやり方は日本にはなじみませんし、もしそんなことを政府が決めようしたら、それこそマスコミと野党は大反対するでしょう。おっしゃるように、韓国を引き合いに出すのもすべては政権批判のためのものでしかありません。

エミン　むしろ、学ぶとすれば、早期にコロナウイルスのヒト・ヒト感染の危険性を訴え、徹底した水際対策で抑え込んだ台湾のやり方でしょう。その台湾がＷＨＯに加盟できないというのもおかしな話です。

渡邉　じつは台湾こそ日本の衛生学の正当な後継者かもしれませんね。

日本が統治し始めたころの台湾は、清国から見たらマラリアと蛮族(ばんぞく)と匪賊(ひぞく)の跋扈(ばっこ)する化外(けがい)（国家の統治の及ばない地方）の地でした。実際、３代目総督だった乃木希典(のぎまれすけ)と一緒に台湾入りした彼の母親はマラリア死しています。

４代目総督の児玉源太郎の時代の民生長官・後藤新平が台湾の都市設計の段階から、衛生事業を徹底させ、ようやくマラリアを駆逐することに成功したのです。現在でも台湾では児玉・後藤の人気は高いのです。

エミン　ああ、後藤新平。関東大震災で灰燼（かいじん）と化した帝都を都市化計画で現在の東京として蘇らせた人ですね。

渡邉　台湾で今でも慕われている統治時代の日本人は、児玉や後藤のように政治家・軍人や学者だけではありません。嘉義県（かぎけん）（台湾南部の県）に義愛公という神様として祀られている日本人がいます。この人、本名は森川（清治郎）さんという警察官でした。警察官といっても台湾の地方の村などに赴任した駐在さんで、村の人に農作業の手ほどきしたり、寺小屋で子供たちに勉強を教えたり、よろず地元の人々のための相談役だったのです。

森川さんは地元の人のために尽くして亡くなったといいます。森川さんが亡くなって10年ほどあと、この地帯に悪質な疫病が流行りました。そんなある日、村の村長の枕元に森川さんが立ち、伝染病予防のため心得を告げてスーと消えたそうです。試しに村の人たちが森川巡査の教えどおりにしたら、効果てきめん、その村だけは疫病の災禍からまぬがれたといいます。以後、村では森川さんの祠を建て、義愛公としてお祀りしたとのことです。

エミン　面白いお話ですね。日本人的なやさしさに満ちた話だと思います。

渡邉　森川巡査の霊が伝えたことというのも、そんなに難しい話ではないと思うのですよ。生水は一度沸かしてから飲めとか、手洗いはよくせよとか、現在聞けば、当たり前のことばかりではないかと。でも、その当たり前のなかに日本人の生活習慣として重要なことがいっぱいあるわけですね。村の人たちも、村長の夢のお告げをたわごととは言わず、よく守ったと。結果的にそれが正解だったわけです。

それから、台湾も水が豊富だったというのも幸いでした。中国なんか地方によっては、水はとても貴重で、用便しても滅多なことでは手を洗いませんから。

アフターコロナは日本の時代

エミン　横浜に停泊していたクルーズ船ダイアモンド・プリンセス号がクラスターを起こしたときの隔離対応に関してもさんざん日本は叩かれましたね。流言に近いような報道もあったり、国内でもかなり批判的に言われていました。

渡邉　もうその話自体、遠い話になってしまったような気がしますね（笑）。結局、ああするしかなかったというか、日本のやり方がベストとまでは言わないにしても正解だったということが証明されました。隔離されていた乗組員や乗客も日本の救護班を絶賛していましたしね。厚生労働省の人は感染してしまいましたが、自衛隊の人たちはひとりも感染しませんでした。ＢＣ兵器（生物・化学兵器）に対する不断の訓練の賜物ですね。ダイアモンド・プリンセス号の感染者をはじめ、最初の段階で多くの感染者を受け入れた自衛隊中央病院（東京都世田谷区）でも院内感染は起こしていません。スタッフ個々の防護とゾーニング（区域分け）という「基本の徹底」が行われていたためです。

エミン　アメリカのメディアもダイアモンド・プリンセス号については、丸っきりバカにしたような書きっぷりでしたが、サンフランシスコ湾で同じようなクルーズ船感染が起こり、アメリカ側が血相を変えて麻生副総理に電話をかけてきたって話がありました。どうしたらいいって？

渡邉　麻生さんが「さんざん（日本を）ボロクソ言ってたのはおたくの大統領でしょ。教えてくださいという前に謝るのが先だろ。そもそもダイアモンド・プリンセス号はアメリカの船じゃないか」て言ったという。国会でぽろっと漏らしていましたね。

エミン　ええ。人の命がかかっている話なので、痛快だ、とは言いませんが。なんとも麻生さんらしいなあと思いましたよ。役者が麻生さんとトランプ大統領だというところも面白い。あのふたりだとぜんぜん嫌味な感じはしませんしね。

渡邉　じつは安倍・麻生と、トランプ・ペンス副大統領の4人はすごくコミュニケーション取れているんですね。だから非常に話がしやすい。

エミン　もう国連はいらないと思いますよ。安倍、トランプ、ジョンソンを中心に、せいぜいG20で話を決めるべきです。

渡邉　日米はコミュニケーションができているわけです。だから、安倍首相がトランプにアビガンを勧めたというような話もぽろぽろとニュースで出てくる。あれは公式会談ではなくて、電話での会談です。

エミン　私は米中新冷戦のスタートを2013年と見ているのです。第2次安倍内閣が本格的にスタートするのがこの年なんですよ。やはり冷戦内閣なんだなと。これは歴史の必然なんだなと思いました。

2015年に安倍首相がアメリカを訪問したときに、「日本はいわゆる西洋的な価値観、民主主義、自由主義を積極的に広げていきます」というふうに宣伝している。これは大きいですよ。

渡邉　一方、田原総一朗さんなんか「安倍晋三は有事の総理にあらず」なんて言っていますが、なら誰がやれるのよって。有事に力を発揮できなくさせているのは、マスコミではないかと言いたい。動こうとすれば、独裁だ、暴走だ、と叩き、慎重になれば、遅すぎると責め立てる。とにかく足を引っ張ることとネガティヴ・キャンペーンしかしません。

しょせん、今の日本の政治システムでは総理大臣の暴走なんかできません。日本は『シン・ゴジラ』の世界。会議と根回しの世界。決して安倍首相の独裁ではありません。

エミン 映画に出てくる政治家。黒髪で黒い目、みんな地味な背広。西欧人からすれば、みんな同じ顔の日本人に見えます。でもその同じような日本人が、平均値の高い日本人が集まって知恵を出し合って、巨大なモンスターをやっつける。あの映画はものすごく暗示的ですね。日本式の会議というものを、世界に認めさせただけでも価値のある映画だと思います。

渡邉 とにかく、今は安倍・麻生しかありません。これまでのように、1年ごとに首相がコロコロと変わるようでは、アメリカも誰を相手に交渉したらいいかわかりませんから。

エミン ええ。特にトランプはポーカーのできる相手でないと一目置きません。

渡邉 日本の場合、結局、役人が力を持ち過ぎてしまって、しかも役人が派閥をつくっているから。まるでバルカン半島みたいになっていて、話が進まない。だったら、もう日本人と話するだけムダだと思われるだけです。やはり、顔の見える総理大臣がいないと無理なわけです。エミンさんの言葉を借りれば、ポーカーのプレイヤー。

エミン　安倍さんのほかにプレイヤーになれる人はいませんからね。それが日本の悲しいところですが。

渡邊　第2次安倍内閣スタートしたときは、谷内正太郎さんがスピーチライティングのブレーンでしたが、谷内さんがいなくなっちゃったのが外交的にはちょっと厳しいかなとも思いますね。谷内さんはアメリカに対するカウンターパートナー（対等に交渉できる人物）でもあったので。

今回の新型コロナウイルス問題でも内閣内でごたごたあったんですよ。安倍首相の英断で、飯島勲さん、かつての内閣参与を引っ張ってきて、仕切りをやらせたら、2020年1月28日に学校休校宣言、その後、特措法まで一気に進みました。

安倍首相は自ら剛腕を振るうのではなく、剛腕を振るえる部下なりブレーンを置くべきですね。

エミン　そう思います。今の日本の政治システムだとそれしかない。飯島さんも谷内さんも、それから、現在はちょっと仲がギクシャクしていると聞いていますが、盟友の菅官房長官もどちらかというと叩き上げの苦労人ですね。安倍首相はよく「お坊ちゃん育ち」とか揶揄されますが、自分にないものを持った人を周りに置こうとしています。それだけ人を見ているのだなとは思います。

渡邉　これで日英米がうまく連携し台湾も組み込んで、ASEANの国々で価値観を共有できる国々を組み込み、それから特にインド。これらで新秩序ですよね。日本が生み出す新秩序って、面白そうだな。

エミン　台湾はキーポイントだと思います。

渡邉　台湾を国として認めるかどうか、これは各国に突きつけられる踏み絵になるかもしれませんね。

エミン　世界は闘うと同時に「新型コロナウイルスが存在することを前提に生きよう」というもうひとつのフェーズに入ろうとしています。「ニューノーマル」（新しい日常）という言葉も生まれています。このニューノーマルのモデルとなるのが日本スタイルだと思うんですよ。思えば、かつて西欧社会が鼻で笑っていた日本の文化や習慣の多くが、21世紀現在、世界のトレンドになっています。

ほんの30年前までは、日本人は魚を生で食べるなんて言われてバカにされていたのが、今やSUSHI、SASHIMIは高級ヘルシーフードとして世界共通語です。新型コロナウイルス・ショック下では、マスクがそうです。マスクなんて絶対しなかったニューヨーカーやパリジャンもマスクをし始めて、早くもファション化しそうな勢いです。家のなかで靴を脱いでくつろぐスタイルもそう違和感がなくなりました。

昔はよく、日本人は意味もなくおじぎをしたがると不気味がられていましたが、ニューノーマルの世界では、ハグやキスに代わって、ジャパニーズオジギが挨拶のスタンダードになるかもしれません。

アフターコロナ、それは日本が世界をリードする時代のはじまりです。

おわりに

《エミン・ユルマズ》

私は23年前にトルコのイスタンブールから来日しました。日本経済がバブル崩壊の清算をしている真っ最中で、雰囲気も暗かった時代です。当時、こんな素晴らしい国なのになぜ、ここまで悲観する必要があるのかと疑問に思ったことがはっきりと記憶に残っています。年間インフレ率が80％を超える国に生まれた身としてはデフレの何が悪いのかと思ったことも多々ありました。慎重になることはやり過ぎなければ、警戒感と頑張る努力を生むので必ずしも悪いことではありません。しかし、頑張る意欲を削るような悲観論は何の生産性もないうえに、人々のムードを憂鬱にしてしまいます。その典型的な例のひとつは平成を「失われた30年」と呼ぶことです。平成のうちの22年間を私も日本の皆さんと共にしました。

私は平成が失われた時代ではなく、日本にとって種まきの時代だったと思っています。私が日本に来たときと比べれば、世界で日本の人気が著しく上昇しているし、日本のコンテンツが世界中に溢れて、いろいろな言語に訳されています。

日本に来てから最初の1年間は日本語学校に通いました。当時、良いトルコ語・日本語の辞書がなかったため、知らない単語を調べるときにまず日本語・英語辞書を使って英語の単語を見つけ、そのあとに英語・トルコ語の辞書でトルコ語の意味を見つけていました。現在では考えられないような二度手間でした。また外国から来た友人をよく秋葉原に連れて行きましたが、当時の秋葉原は外国人の客を相手にせず、店から門前払いしているような態度の店ばかりでした。それが今では東京のツーリストアトラクションになっています。

日本はこの30年で大きく変わって、日本経済が停滞しているように見えている一方で、日本のソフトパワーは増しました。たくさん収穫をするためには土を休ませないといけないのです。明治からずっと頑張ってきた日本はある意味、平成の時代で休みをとって種まきをしました。そして、令和は収穫をする時代になるでしょう。私は令和時代に日経平均が30万円になるという主張をしていますが、それをギャグだと思っている方がいます。しかし、世界は私の予想した方向へ、私の予想よりも早い速度で動き出しました。この本の対談を行った直後にアメリカは中国企業の米市場への上場を実質上不可能にしました。そして、トランプ大統領はアメリカの年金ファンドが中国株に投資しないように命じました。そいずれ世界の主要株式指数から中国株が完全に排除されるでしょう。そうなれば、中国から引き揚げられた資本の向かう先は日本になると考えます。中国は香港の一国二制度を尊重せず香港の完全統一に動いているので、香港がアジアの金融ハブとしての役割を失い、東京がアジアの金融ハブとなる日はそう遠くないのです。

しかし、新令和時代はすべてバラ色になるというわけではありません。日本にとってはチャンスがたくさんあるのと同時にリスクもたくさんあります。残念ながら日本のメディアはチャンスに気づいていないのと同様にリスクにもまだ気づいていません。

中華人民共和国はナチス・ドイツ以来の危険な思想を持った軍事大国で。国家思想として掲げている中国式社会主義というのは中国が考えたものでもなく、また最初に実行している国でもありません。一党独裁の下で国家主導の資本主義を実行し、ナショナリズムで国民を統一する政治思想は名実ともにナショナル・ソーシャリズム、つまりナチス主義です。またこの政治システムを考えたのは、毛沢東でも習近平でもなくアドルフ・ヒトラーにほかなりません。現在、中国がチベットやウイグル自治区で行っている政策もヒトラーがユダヤ人とスラヴ人に対して行った民族浄化そのものです。特にウイグルでは500万人を超すウイグル人の親が強制収容所に集められている最中に、その子供たちが共産党の施設で洗脳教育を受けさせられています。イスラム教徒であるウイグル人の信仰が強く弾圧され、宗教や文化遺産が計画的に破壊されています。

残念なことにイスラム諸国のリーダーは中国にお金で買収されているので、この民族浄化に声を上げている国がありません。声を上げてくれたのはアメリカと日本くらいです。安倍首相は2019年12月の中国訪問で習近平にウイグル問題を突きつけました。世界に18億人いるイスラム教徒のリーダーが沈黙しているなか、日本の首相が声を上げたことをイスラム教徒はいつまでも忘れることはないでしょう。

日本は今後も人権を尊重し、民主主義や自由主義を貫きながらも中国という軍事的、経済的脅威をよく分析し、自国を守る対策を講じる必要があります。日本でその活動を行っている数少ない有識者のひとり・渡邉哲也氏と対談本をつくれたことは嬉しい限りです。私はシルクロードとアジアの復活を支持しますが、それを主導すべきなのは中国ではなく、日本であるべきだと考えています。コロナショックで世界は中国という脅威に気づきました。コロナ後の世界は日本がさまざまな分野で世界をリードすると心から信じています。

2020年6月　エミン・ユルマズ

渡邉哲也 × エミン・ユルマズ

構成：但馬オサム

アフターコロナ 日本がリードする世界の新秩序

2020年7月10日　第1刷発行

著　者　渡邉哲也　エミン・ユルマズ

発行人　岩尾悟志
発行所　株式会社かや書房
〒162-0805
東京都新宿区矢来町113　神楽坂升本ビル3F
電話　03-5225-3732（営業部）

印刷・製本　中央精版印刷株式会社

ISBN978-4-906124-96-1 C0036